《老重庆影像志》

在广袤的巴渝大地上，点点疏星般地散布着上千座老城寨堡。面对这些半圮而风雨斑驳的古道荒城，残缺而一身沧桑的夕阳故垒，遥想那金戈铁马，刀剑交鸣，旌旗蔽日，烽火连天的战场，耳边犹闻昔日鼙鼓；又曾记这烟柳画桥，羌管凤箫，熙攘市井，参差人家的城镇，眼前依稀当年繁华。我们将从这里穿越千年时空，开启尘封往事，寻其迹，考其源，志其事，留其影，以飨读者。

唐治泽 冯庆豪 编著

重庆出版集团 重庆出版社

**图书在版编目(CIP)数据**
老城门／唐冶泽，冯庆豪编著.—重庆：重庆出版社，2013.5
(老重庆影像志／王川平主编)
ISBN 978-7-229-06527-0

Ⅰ.老… Ⅱ.①唐…②冯… Ⅲ.古建筑—重庆市—图集
Ⅳ.① K928.71-64

中国版本图书馆 CIP 数据核字（2013）第 103859 号

**老城门**
LAO CHENGMEN

**丛 书 主 编**　**王川平**
**丛书副主编**　**刘豫川　邵康庆**
**编　　　著**　**唐冶泽　冯庆豪**
**资 料 提 供**　**重庆中国三峡博物馆　邓晓笳　士　伏　何智亚**

出 版 人　罗小卫
策　　划　郭　宜　邓士伏
责任编辑　郭　宜　杨　帆
封面设计　郭　宜　刘　洋
版式设计　郭　宜　杨　帆
责任校对　娄亚杰
电脑制作　廖晋华

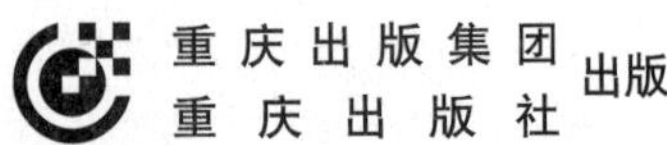

重庆出版集团
重庆出版社　出版

重庆长江二路 205 号　邮政编码：400016　http://www.cqph.com
重庆市开源印务有限公司印制
重庆出版集团图书发行有限公司发行
E-MAIL：fxchu@cqph.com　邮购电话：023-68809452
全国新华书店经销

开本：787mm × 1092mm　1/16　印张：10.25　字数：206 千
2013 年 5 月第 1 版　2013 年 5 月第 1 次印刷
印数：1-4 000
**定价：27.00 元**

如有印装质量问题，请向本集团图书发行有限公司调换：023-68809955 转 8005

# 目录


**总序** 1
**前言** 4
**重庆城建史略** 6
**『九开八闭』的重庆古城** 13
朝天门 15
东水门和翠微门 20
太平门和太安门 27
储奇门和人和门 29
金紫门和凤凰门 32
南纪门和金汤门 34
通远门和定远门 38
临江门和洪崖门 45
千厮门与西水门 50
佛图关 54
**历史悠久的巴渝古城** 58

江北古城 58
合州古城 64
铜梁古城与安居古城 67
涪州古城 72
忠州古城 77
万州古城 80
云阳古城 83
奉节古城 88
巫山古城与大昌古城 92
巫溪古城 98
黔江古城 102
**星罗棋布的古寨城堡** 105
钓鱼城 107
白帝城 119
皇华城 124

多功城 126
磐石城 129
天生城 132
龙崖城 134
万寿山寨 138
涞滩寨 142
**其他** 146
**后记** 152

八門紧闭九門開
壬午年仲夏绘

# 总序

## 《老重庆影像志》

王川平

方面，尤其是对老重庆的个性与嬗变、老重庆的灵性与魂魄、老重庆的根与源，力图以图文并茂的表述引起读者的注意，与读者作寻根之旅。本丛书的作者与编者，都是从事文物、图书、档案、出版、历史和文化研究等方面工作多年的优秀人选，既有丰富的实际经验，又有专门知识方面的学术积累，并尽可能在文字处理上通俗、生动、准确。丛书使用的两千多张历史照片，许多是第一次公开出版，足见其珍贵和罕见。

重庆是一座具有世界历史与文化价值的城市，对于这一点，笔者在主编该丛书及撰写《老房子》的过程中坚信不移。这不是直辖后的文化自大，而是遵循“实史求是”的原则准确对待重庆历史得出的结论，是依据古为今用的原则建设重庆新文化的需要。可惜的是我们总以为自己的文化家底不够厚，其实是我们现时的努力离目标还有较大的距离。令人高兴的是直辖之初，笔者提出把重庆建设成为与长江上游经济中心相适应的文化中心的文化建设远期目标，已经为越来越多的市民所接受，正在成为这座城市的规划和行动。从这个意义上说，《老重庆影像志》丛书的出版，确实是一件可喜可贺可敬之事。

### 看着这座古老的城市慢慢长大

尽管重庆直辖才十年，但它却很古老；尽管重庆正以惊世的速度在长高、长壮，但它曾经十分古朴而低矮；尽管重庆一天天在变得靓艳，但它灰蒙蒙而沉甸甸的底色仍存留在记忆之中。当楼房的样式和市民的生活越来越趋于类似的时候，这座城市的文化性格与城市品质就变得像空气和水一样重要和宝贵。

历史与现实就是这样复杂，这样磕磕碰碰。重庆的文化人一方面惊讶于这座城市成长的速度，一方面惊讶于在此速度拉动下消逝了的那些值得保留的东西。这种惊讶同样是复杂和美好的，因为他们不因惊讶而停住手脚，停止思考与行动。眼前这套《老重庆影像志》丛书就是他们这种努力的一部分。

《老重庆影像志》丛书共十本，分别是《老城门》、《老房子》、《老街巷》、《老码头》、《老地图》、《老广告》、《老档案》、《老行当》、《老风尚》和《老钱票》。它们从不同的视角，管窥这座城市的昨天，内容涉及市政变迁、政治演变、经济发展、市井生活、文脉流转传承等等

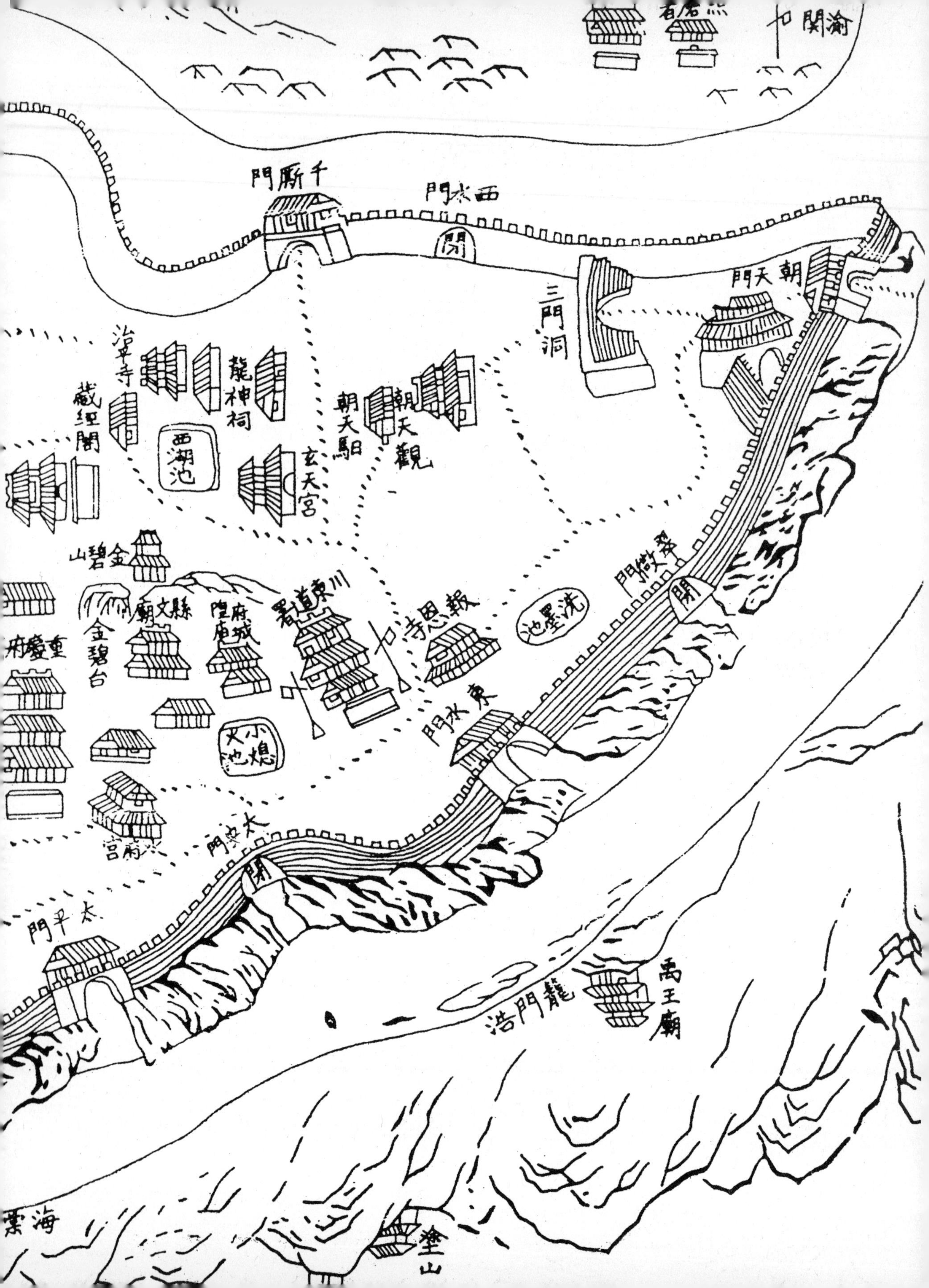

渝關
千廝門
西水門
朝天門
三門洞
治平寺
龍神祠
藏經閣
西湖池
朝天驛
朝天觀
玄天宮
金碧山
翠微門
洗墨池
川東道署
報恩寺
縣文廟
府城隍廟
金碧台
重慶府
東水門
小燈火池
太安門
府宫
太平門
龍門浩
禹王廟
海棠
塗山

鶯花渡
洪崖門
炮台
通遠門
定遠門
臨江門
書院
五福宮
巴蔓子墓
蓮花池
府文廟
魁星閣
巴山
銅鼓台
洋池
學院署
關帝廟
中營署
左營署
土主廟
珊瑚壩
東華觀
文昌祠
巴縣署
總鎮署
右營署
經歷署
典史署
金紫門
儲奇門
太平池
黄葛渡
岷江

# 前言

中国古代所谓的“城”，是指四周有城墙围绕的居民聚居区。中国古代城市与西欧中世纪城市只是作为经济中心不一样，它同时具有区域政治中心、经济中心和军事堡垒的功能，尤其是政治中心的作用突出，因此中国的城市都是政权机关的所在地。城市的大小还与其政治作用的大小成正比，甚至明文规定从天子之国到诸侯之都再到卿大夫采邑的大小比例，让其规模与政权的级别相适应。因此，我们可以从一个城市与当时周围的其他城市规模的比较，就能基本确定它的政治经济地位。这是中国历史考古中的一个常识。

而确定城市大小最简明的标准就是城墙的规模。城墙起源于防御，“城”字最初的字形就是在一个四方城邑旁边立着一只“戈”。早期人们为了防备野兽的侵害和敌人的劫掠，便在居住区四周挖上深壕，引水为池；挖出的土堆筑在壕沟内侧，就成为最早的城墙。因此，作为防御设施的“城”和“池”是同时出现的。

据考古发现，中国最早的城址出现于新石器时代晚期。目前发现的最早城址是湖南澧县城头山古城，属大溪文化至石家河文化时期，距今约7 000～6 500年前。古城略呈圆形，占地18.7万平方米，四周绕以城垣和护城河。而在距今6 000～4 000年前时，中华大地上涌现出了大批古城，目前仅长江流域就发现十多座，黄河流域更多达四十多座。最大的是湖北天门石家河城址，面积有120多万平方米。

西南地区最早的古代城址出现于距今约4 500～4 000年前，基本上都分布在成都平原。如新津宝墩城址、郫县古城乡城址、温江鱼凫城址、都江堰芒城城址、崇州双河城址等，是迄今中国西南地区发现年代最早、规模最大、分布最密集的史前城址群。但重庆地区却缺乏早期古城遗址，一些有明确记载的古城都未发现其遗迹，如张仪所筑的江州城址。现在这一地区所发现的城址没有早于秦汉时期的，因此这方面的考古研究工作今后还有待进一步加强。

早期城市出现最密集的地方是平原地区。因为这里无险可依，人烟又密集，因此只能筑城以守。古代标准的城邑是四方形，每边一门，共四门。甲骨文有墉字，也是城郭之郭，作 ，中间四方就像城垣，其上各有一座城楼建筑，十分形象。当然实际城址并非都这么规整，尤其

质为主的寨堡建筑，它们也建有城墙、城门。这类寨堡建筑宋代多称为城，明清则多称为寨，它们一般都不是一级政权驻守之处，或只是避乱性质的短期驻守，而主要是作为抵抗敌人或结寨自保之类的军事设施而修筑的。这些寨堡曾密布四川各地，现在有迹可寻的估计有数千座，但因近代以来基本都废弃不用，所以除少数外，也基本是残破不堪，掩埋在荒草丛中了。本书即以这三种类型的城市和寨堡建筑为标准，分别向大家介绍一些具有代表性的重庆老城门。

是丘陵、山区，常是随地赋形，依势而建，所以其城垣之形就有方有圆，并不规则，城门也有多有少，不一定是四门。大致而言，大城门多，小城门少，不过一般最少也不会少于两门，不然就成死胡同了。

城内的布局也有讲究。重要建筑如宫殿、衙署等大体都建在城市中轴线上，平民居住区和手工业区建在城南，墓葬区常在城北。当然这也是理想的标准布局，现实中谁也不会不顾实际情况而一成不变地完全按此建城，而是较多地考虑当地的自然条件和功能需要而因地制宜。

重庆境内因处于低山和丘陵地区，缺少平原，因此其范围内的城市（包括寨堡）建筑都是这样一些随地赋形、因地制宜的布局。这一带的古城遗址，大致可以分为三种类型，一是中心城市，即在本地区内具有政治、经济、军事的中心位置和重大作用，曾充当过省级政权机关驻地甚至曾为国都的城市，这只有重庆城可当之。二是中心城市以外，但也同时具有政治、经济、军事三位一体性质的城市，而且是县级以上政权的驻地（行政中心），重庆境内的各州县可当之。三是纯军事性质或曾以军事性

# 重庆城建史略

重庆市区及其附近在远古时期就有人类生息繁衍，近年仅在江北、南岸的沿江一带，就发现近十处新石器时代遗址。据史籍记载，重庆初名为巴，为巴国之都；秦灭巴后为巴郡治所，设江州县；后又改名垫江、巴县、楚州、渝州、恭州、重庆等名。作为川东政治、经济中心和军事重地，重庆历来都是郡、道、路、府、州、市的治所所在，历史上还曾三次作过都城（春秋战国时的巴国之都、元末明玉珍政权的大夏国都、抗日战争时期国民政府的“陪都”），也曾三次被列为直辖市（抗战时期为直隶行政院的特别市、解放初期为中央直辖市、1997年起又成为中国四个直辖市之一），因此从古至今都保持着区域性大城市的地位；从全国范围来看，也大致保持着一个中等城市的规模。

重庆在政治、经济和军事上的地位与重庆的地理位置和自然环境分不开。重庆地处长江上游，四川盆地东部，在长江与嘉陵江的交汇处，形如半岛，大

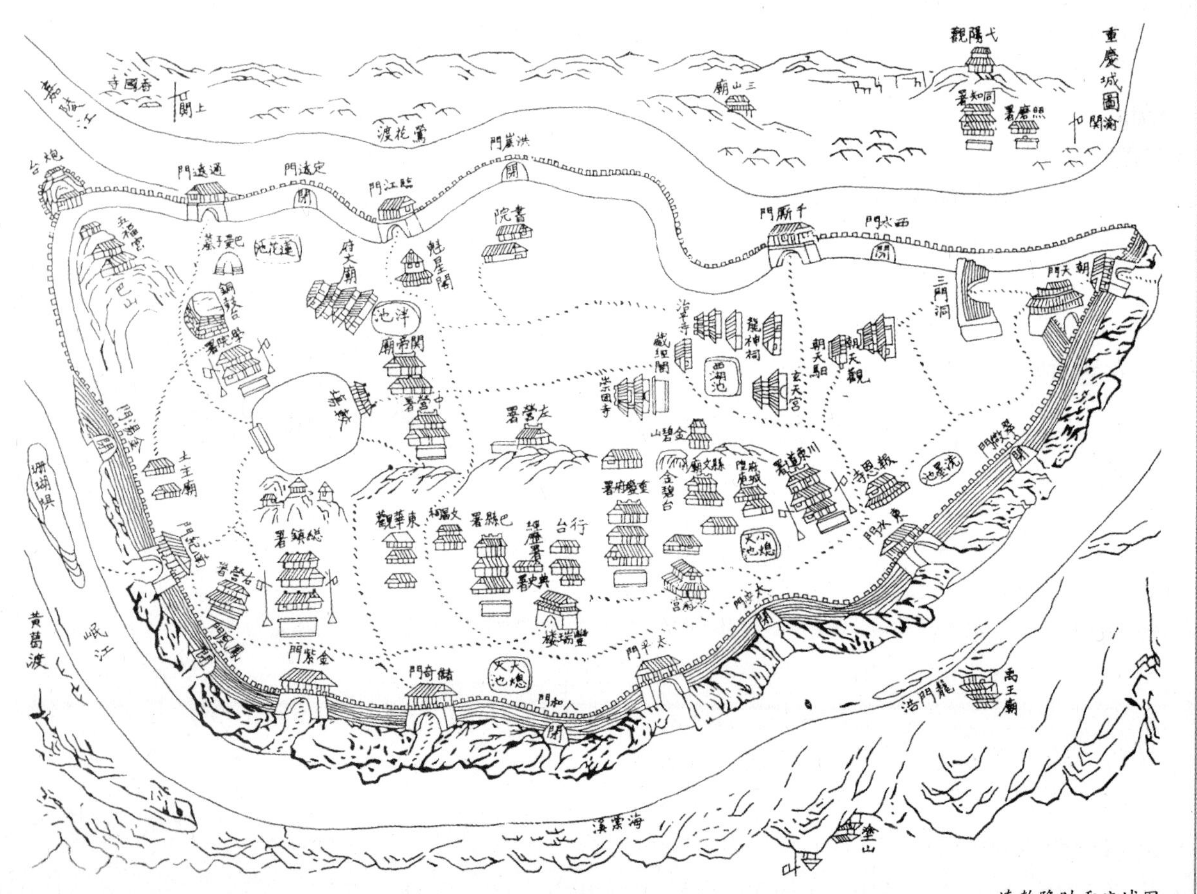


清乾隆时重庆城图

清光绪年间的重庆城图

体呈东西向，而尖端向北；东、南临长江，北临嘉陵江，西与陆地相接。从水路入川，重庆是必经之地，自此溯嘉陵江水路北上可至川北各地，向西沿长江经沱江、岷江可达川中、川西直抵成都，从陆路也有大道西至成都，往南也有陆路到达贵州、云南。因此，这里不仅是商业辐辏、物资聚散的水陆码头，更是扼控川东、屏障川西、关系西南的军事重镇。这里自三峡起便山高水急，峡多滩陡，关隘重重，险阻处处；其城又三面临水，一面依山，如果再加上高筑墙，广积粮，端的是金城汤池，易守难攻。即使强悍的蒙古铁骑，也曾被它阻挡达四十年之久而不得寸进，打破了蒙古军想顺江东下直取南宋都城临安的计划，使南宋政权得以偏安一时。下面我们就从此事说起。

南宋端平三年（1236年），蒙古大军攻入四川，成都及其附近州县失陷，遭到大肆烧杀掳掠。这次兵锋虽未及川东，但也促使各地开始加强军事防御设施的建设。

四川历来有两个军事重镇，一是成都，二是重庆。成都建于平原之上，无险可守，自古一攻就破。而重庆三面环水，一面靠山，易守难攻。所以，重庆成了战略防御的重点。

约在南宋嘉熙二年（1238年），彭大雅任四川制置副使兼知重庆府。此人曾出使过蒙古，深知蒙军特点，因此上任后就开始筹划修筑重庆城垣。有人不同意，顾虑工程浩大，费力费钱。彭大雅说："不把钱做钱看，不把人做人看，无不可筑之理。"城在嘉熙四年（1240年）基本筑成，至少有四个城门，因为据记载彭在四门立大石，上书："某年某月彭大雅筑此城，为西蜀之根本。"但在《元史》和《宋史》中，却提到重庆有洪崖、千厮、镇西、熏风、太平五门。

只是有些门的具体位置尚难确定。

彭大雅所筑之城，是在大敌当前时仓促所为，只是在旧有城墙上进行维修并加固加高。其所依之旧城，一般都认为是三国时期李严筑的土城。不过其时距三国已有一千余年的历史，又历经战乱沧桑，其城即使还在，应早已残破不堪，难以依峙。据记载，蒙军曾在南宋嘉熙三年（1239年）下半年两度围攻重庆，而彭大雅是在第二年初才将城筑好的。史籍记载彭大雅筑城时“披荆棘，冒矢石”，说明其筑城工程确是在边打边筑的情况下完成的。我们很难想象重庆仅依靠新筑的半截子城墙就能抵挡住差不多是攻无不克的蒙古铁骑，所以这事尚有疑问。据分析，彭大雅是在原有版筑土墙外侧复以大砖护墙，并完善了城上军事设施。也就是说，在李严之后，彭大雅之前，应当还有史籍失载的筑城之事。解放初期曾在太平门附近出土一些有“宋淳祐乙巳东（西）窑城砖”字样的宋代城砖，乙巳为淳祐五年（1245年）。这不仅证明彭大雅及其继任者使用了城砖，而且证明宋代城郭至少已延伸到太平门以西了。

因为彭大雅筑城“不把钱做钱看，不把人做人看”，督责未免苛严，遂遭言官参劾，谓其“险谲诈变”、“贪黩残忍”，故城成之时，就成了彭大雅削秩罢官之日。但后人对彭大雅筑重庆城给予很高的评价，认为西蜀之地能抗击蒙元大军达四十年之久，彭大雅功不可没。事实也确实如此，蒙元军多次侵入四川，

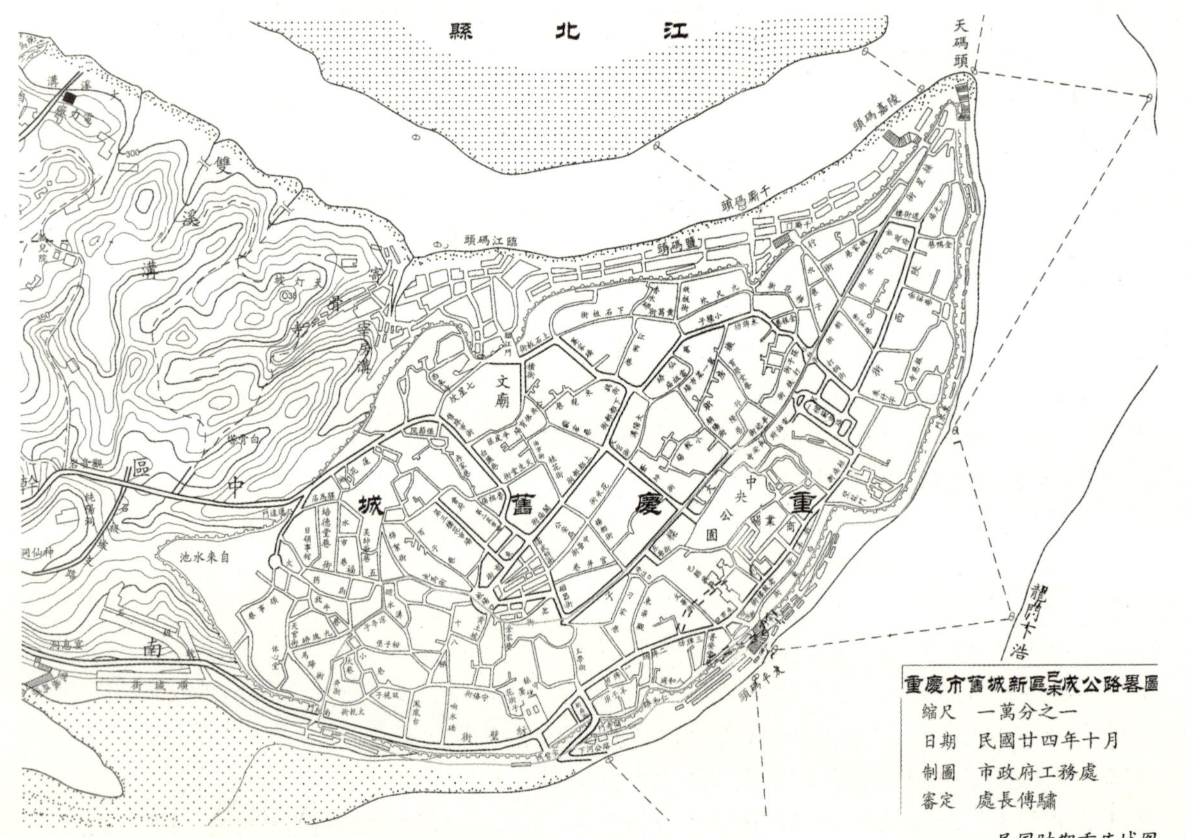


民国时期重庆城图

都在重庆—合州一线受到顽强抵抗而无法前进，甚至蒙哥大汗也战死在合川钓鱼城下。因此彭大雅死后被追谥为“忠烈”，老百姓更是立庙祭祀他。这正是功罪任人评说，天理自在人心。

三国时修筑重庆城的是李严。李严，字正平，汉末南阳人。初为益州牧刘璋将，刘备入川后归之。刘备临死前在白帝城托孤，他是与诸葛亮一起接受顾命的大臣之一，以中都护统内外军事，留镇永安（白帝城）专事防吴。蜀后主建兴四年（226年）春，李严移驻江州。这时的江州城，大约因人口滋生而显得城小地狭，西汉巴郡太守但望曾说过，郡治江州“地势侧险，皆重屋累居。数有火害，又不相容。结舫水居五百余家”。东汉有一段时间甚至将郡治迁到了北府城（今江北）。再从军事上看，此前的江州城主要建在半岛尖端及长江河谷一侧，陆路易被居高临下攻击，不利防守。所以李严扩大城池，修筑了周围十六里长的城墙。汉代一里的长度，据杨宽《中国历代尺度考》为414米，十六里则有6 624米。大城主要是向西扩展，把城墙修到了重庆半岛的山脊上。当时可能只有两个城门，一名青龙，一名白虎，从名称看应是东、西二门。另外又在城北储粮之地修了仓城。这基本上就把重庆半岛东半部分的主要险阻地形都包括了进来。不过，这次所筑城墙之遗迹也未在考古调查中发现踪影，故其具体位置还难以确定。

在李严之前约540年，史籍中记载第一个在江州筑城的是战国时期的张仪。张仪在中国历史上非常有名，是战国纵横家的代表人物之一。据说他是鬼谷先生的弟子，与苏秦是同学，后被秦惠文王用为相，为秦国的崛起立下大功。公元前316年（周慎靓王五年、秦惠文王更元九年），蜀王伐其弟苴侯，苴侯跑到巴国去寻求政治避难，巴王没有能力保护他，于是向秦国求救。秦惠文王派张仪与司马错率军伐蜀。灭蜀后，张仪见巴地富庶，又派兵直取巴国，将巴王俘虏，巴也就此灭亡了。这真是引狼入室的千古教训。

巴亡后，秦在原巴国统治地置巴郡，在原巴都置江州县，为郡治所在。张仪在江州做的一件大事，就是修筑江州城垣。不过，这件事在史籍中只有四个字的记载，即《华阳国志·巴志》中的“仪城江州”，因此其详情不得而知。但据考古发掘，在半岛尖端一带发现多处战国至西汉的古井、陶器和瓦当，可知这里当时有居民聚居。据有人推测，张仪所筑的城大约在今千厮门—小什字—东水门一线的北面，而且主要部分在山脊之东的长江一侧。

如果再往前推，有关重庆城垣的情况就只有间接的推论了。因为巴国没有可识的文字流传下来，又僻处边远之地，中原典籍极少记其事迹。大家都知道巴蔓子将军的故事：巴国发生内乱，蔓子许楚三城而请楚出兵平乱，事后蔓子拒不与楚城，而以头谢之。这三城不知是何城，但肯定应是近楚的边城。既谓之城，当有城垣。以边城而有城垣，作为巴国国都的江州，又岂能是不设防的城市？不过，当时的巴都（包括张仪城）究竟建在哪里，实际上至今仍未真正弄清。后世有三种说法，一说是建在今重庆半岛上，这是比较流行的看法，但其中又有认为在半岛尖端一带的，也有说在半岛靠中间一点的；二是认为在今江北嘴，即与半岛尖端相对的嘉陵江北岸，不少专家持此看法；还有一说是在巴县西或西北，见于一些古籍记载。但这些说法都带有相当大的猜测成分在内，真实情况到底如何，还须今后加强城区考古发掘来证明。

在彭大雅建城之后，还有一次重庆城建史上最大规模的筑城工程，这就是明初戴鼎筑城。据清乾隆年间王尔鉴修《巴县志》记载："明洪武初，指挥戴鼎因旧址砌石城，高十丈，周二千六百六十丈七尺，环江为池，门十七，九开八闭，象九宫八卦。" 根据这段记载进行分析，可以得出以下几点结论：第一，筑城的时间是"明洪武初"。洪武是明太祖朱元璋的年号，共有31年，既言"初"，应不出前十年之外，否则就应该说是"洪武中"了。戴鼎的官职为"指挥（使）"，这是军事卫所的最高长官。重庆置卫据《明一统志》记载是在洪武六年，则戴鼎之任也只能在此年之后。因此，其筑城的具体时间，应在洪武六至十年，亦即1373—1377年之间。第二，城是"因旧址"而筑，可见是在原有旧城（应当就是彭大雅所筑之城）基础上加筑，其城市规模应当没什么大的改变。第三，是"砌石城"，可见此前筑城没有用石，最多只是用砖包砌土墙。第四，其城"周二千六百六十丈七尺"。据考证明代量地，一尺的长度为0.326 5米，则此城周长为8 687.2米，与李严所筑城相比，长了2 063.2米，也即戴筑城长度是李筑城长度的1.31倍。在几何图形中，圆的周长每增加$n$倍，面积会相应增加$n^2$倍。这就是说，如果城是正圆形的话，"戴城"的面积会是"李城"的1.72倍。当然重庆城不是个正圆，史籍记载与考证的长度也并非十分准确，因此面积的增加不会这么多，但有所增加则是肯定的。据此可以说明由李至戴所筑城

的大小有相当的差异，一千一百多年来肯定有明显扩大。第五，“环江为池”，说明三面都已环水，城墙除西边外都已建在水边，成为水门。而此前有的门可能离江边还有一段不小的距离，如嘉陵江一侧的储奇门。第六，“门十七，九开八闭”。其中有九个门常开，另外八个却是“门虽设而常关”，并且其目的仅仅是从数字上讲“象九宫八卦”。古人动土修造最讲“风水”，这样的故事非常普遍：如果一个地方多年没出举人、进士，人们不说是教育出了问题，却怪有什么东西妨碍了风水，于是或修一座塔来镇压，或架一座桥来补偿。反之，则只认为是风水好，不敢轻易动土以免破坏。近代重庆教案，起因于西方教会在城内外制高点或关隘处修筑教堂，而百姓绅商们群起反对的理由，不是从军事上考虑失险于外人，而是仅以重庆“龙脉”被占、被毁为借口，怕破了重庆的风水。古人修筑城垣，自然是为防御敌军，如果把城修得像传说中的“九宫八卦”，让敌人进得来出不去，那该多好！但城墙只能四围，不可能复杂到像阵式一般，所以只能从数字上取象。想来戴鼎是个迷信阴阳堪舆之术的人，要不就是相信了风水先生的鬼话。这在我们现在看来是很荒唐的东西，古人却觉得很有创意，而在以后的记载中反复提到它。可修这么多门却又关着不开，一点实际用处也没有；而且有些门相隔得太近，根本没有存在的必要，完全是劳民伤财，徒耗工费（修城门比修城墙复杂多了）。再从军事上讲，门是防守的薄弱部位，门多就意味着薄弱环节多，为加强防守又会分散兵力。所以这实在不是一个高明的作法。也正因为如此，这八闭之门后来逐渐封堵，仅存地名而已。

不过话又说回来，这次修城确实是修得最好的一次，其高大坚固，因险设阻，非前代所能比，从而完成了重庆城郭的最终建造工程，使用了整整三百年，

远眺1920年的重庆城

在明代再无筑城的记载。但明末战乱频仍，四川尤被残害，重庆城在张献忠及其余部、明朝官军和清军手中几易其手，至康熙稍定时，城墙已是残破不堪。整个清代，因战争、天灾等原因，有记载的补筑达五次之多——康熙二年（1663年）四川总督李国英补筑；乾隆二十五年（1760年）四川总督开泰下令修理；咸丰二年（1852年）知府鄂惠重修；咸丰九年（1859年）川东道王廷植又修；同治九年（1870年）由道、府、县共同主持再修。这都是一些局部的补筑修理，一直到民国初年，再没有进行过全面的大规模筑城工程。不过从冷兵器时代的观点来看，天然险阻加上人为设施，清代的重庆城已是相当完备的军事堡垒。清同治时人宋家蒸有《抵重庆》一诗曰：

天生巨石作金城，烟火楼台十里横。
守国从来资设险，人和地利试权衡。

重庆在其两千多年的历史中曾经三次作过首都。第一次是远古的巴国之都，但关于当时的城制，没有留下任何记载，从其小国寡民而又偏远落后的情况看，想来最多也就是个小城。第二次是元末作为明氏大夏国的都城，这是一个由起义农民领袖明玉珍建立的地方政权，其国力既弱，存在的时间也短（明氏据重庆前后十六年），不大可能大规模筑城。明玉珍之子明升于洪武四年未经攻城之战就出城降明，而戴鼎筑城，前已考明约在洪武六至十年间，如果明氏据蜀期间曾经筑过城，戴鼎紧跟着再次筑城就没理由了。第三次是抗日战争期间作为国民政府“陪都”，这次不仅没有筑城，反而是拆了不少城墙修马路。当然我们也不排除在历史长河中，还有史籍失载的筑城工程。尤其是三国至宋末，居然一千余年没有筑城记录。李严筑城时只有版筑土墙，一千多年的风雨侵蚀加上人为破坏，足以使这些土墙夷为平地，恐怕有的地方已是遗迹难寻。这给重庆城市的发展史设置了一些疑问。比如彭大雅和戴鼎都是因旧址而筑城，但重庆城却又是从小到大发展起来的，尤其是彭大雅所依“旧址”究竟是不是李严所筑，这中间就有许多解释不清的地方了。

时间进入20世纪，洋枪大炮的出现使城墙逐渐失去了军事上的防御功能，加上人口日渐增多，交通逐步发达，城墙已成为城市发展的障碍。重庆城墙、城门从20世纪20年代开始被大肆拆毁，近年旧城改造更是让其遗迹也荡然无存。时至今日，我们已再难一睹昔日老城风貌，现仅残存通远门、东水门两座城门和附近的小段城墙，也竟如凤毛麟角，被作为珍贵文物保护起来，算是留下了一点重庆城市发展的历史见证。

# “九开八闭”的重庆古城

明代以前的重庆城，由于史籍记载的疏略和考古材料的缺乏，其详细情况我们知道得很少。现在我们所能依据的，只是明初戴鼎筑的城墙、城门，其后虽经历多次修葺，幸未有大变，而且其嬗变流传，不仅有史志记录，还有地图、摄影以及故老口碑，所以资料要丰富得多。我们在本章中的介绍，如果没有特别说明，就是以此为准。换句话说，我们主要是以清代后期的资料来谈重庆古城的。

目前我们所能看到的最有价值的早期重庆地图是晚清张云轩绘制的《重庆府治全图》。这是一幅套色木刻印制的彩色地图，图中标明了一百多年前重庆的城墙、街道、官署、宫观、民居、山川、河流、水陆交通等情况，相当详细。由于是当时人记当地事，所以可信度很高，为我们了解晚清时期的重庆城具体状况提供了一份极为珍贵的资料。这幅图是2005年4月从美国耶鲁大学图书馆复制回来的。张云轩其人史无记载，据图中说明只知他是清河郡（汉魏置，治河北清河或山东临清）人，好学善画喜游。地图上没有注明绘制的时间，有人认为作于光绪十二年（1886年），不知何据。从其内容看，城内戴家巷有“美国福音堂”，据民国《巴县志·宗教》和重庆市民族宗教事务委员会编《重庆宗教·重庆基督教大事记》载，此堂为光绪七年（1881年）美国传教士鹿依士所建，则图的绘制不会早于此年；重庆中国三峡博物馆藏有一张《增广重庆地舆全图》，此图署为刘子如绘，并谓是“就云轩张君旧图扩而充之”，此图长江中画有“立德轮船”，而据立德《扁舟过三峡》一书记载，他是1898年3月驾“利川号”轮船首航重庆成功的，这在当时的重庆是一件大事，则刘子如图绘制时间的上限当在其时。而刘氏既云所据为“旧图”，则张图绘制的时间距刘图已有相当时日。据此，张云轩图绘制的下限应在1898年之前。所以我们只能谨慎地说，这幅精美的地图约绘制于1881—1897年之间，并且在19世纪80年代的可能性更大一些。

《重庆府治全图》中标示的城墙，基本上就可以看做是戴鼎所筑。戴鼎之城的最大特征就是有“九开八闭”之门。哪九开？朝天、东水、太平、储奇、金紫、南纪、通远、临江、千厮诸门；哪八闭？翠微、金汤、人和、凤凰、太安、定远、洪崖、西水诸门。一开一闭相间排列，但在储奇门和金紫门之间无闭门，以合八闭之数。开门都比闭门大，且有城楼建筑，多数还有瓮城。这些门有的是新开的，有的可能是原来就有的。在以后的年月中，各门形成了不同的区域特色，民间有谚曰：

朝天门，大码头，迎官接圣；
千厮门，花包子，白雪如银；
洪崖门，广船开，杀鸡敬神；
临江门，粪码头，臭得死人；
定远门，较场坝，舞刀弄棍；
通远门，锣鼓响，看埋死人；
金汤门，木棺材，大小齐整；
南纪门，菜篮子，涌出涌进；
凤凰门，川道拐，牛羊成群；
金紫门，恰对着，镇台衙门；
储奇门，药材行，医治百病；
人和门，火炮响，总爷出巡；
太平门，老鼓楼，时辰极准；
太安门，太平仓，积谷利民；
东水门，正对着，鲤跳龙门；
翠微门，挂彩缎，五色鲜明；
复兴门，溜跑马，快如浮云。

谚中少了西水门，多了复兴门。这是由于民间对“九开八闭”门的不同认识而导致的。此外也有其他的版本，内容与此稍异，但大体意思差不多。

各门的特色与重庆地势和交通条件分不开。重庆城建在半岛上，又是个山城，其地形是中间高两边低，东—南为长江河谷，比较低平，过去城区的主要繁华地段就在这里，称为下半城；中部突然升高，城就建在山梁上，称为上半城。北边临嘉陵江一侧江岸陡峭，早期的城墙可能没有建在江边。这里曾发现过一些汉代墓葬，可以说明这一点（中国传统要求死人都要葬在城外）。这一带扩入城内的时间，可能在彭大雅或戴鼎之时。因此城内交通并不方便，坡多坎多，道路复杂，尤其上下半城之间，多由又高又陡的石级相连，让人仰息抚膺。江边诸门，都是水码头，南来北往的货物，都选择在离市场、消费区、堆栈处较近或者交通方便的码头上下船，以减少运输费用。久而久之，就形成各门特色。下面我们就对这些门作个简略的介绍。

# 朝天门

朝天门，是戴鼎所筑 “九开八闭”的17个城门之首。此前这里有没有门，没见任何记载与研究。而其地既为长江、嘉陵江汇流之处，应当是一个重要的物资集散大码头；而既是大码头，就不可能没有通往城内之路；而要通往城内，就必然有城门；而门上有榜书“古渝雄关”，可见这里古时是个关口；而可能早在战国张仪时这里就有了城墙……不过写了这么多“而……”什么什么的，也只是据情据理的推测，真实情况究竟如何，还有待将来发现新材料才能认定。

在戴鼎所筑的城门当中，朝天门是最大、最雄伟的一座，景色也最壮美。它位于重庆半岛东北尖角处，三面环水，一面靠山，嘉陵江自西而来，长江从南而至，但见万山丛中，江流婉转，奔腾澎湃，一泻千里，合流后又曲折东去。当你站在朝天门上，临滚滚江流，叹大江东去；迎浩荡天风，望云水一色；看

旧时的朝天门是老重庆最主要的交通要道

朝天门入城石梯(摄于1940年)

几点白帆，数三五扁舟；听如歌号子，闻似雷涛声，直让人有引吭高歌，仰天长啸，临风把酒，拔剑起舞之兴。所以在前不久评选的新巴渝十二景中，“朝天汇流”被评为诸景之首。

其实，“朝天汇流”仅仅是从高岸上向有水处看，最多只看了三面。如果我们再从低处或者坐在船上回望山城，景象又自不同——高岸耸峙，危崖兀立；山碧树茂，秀色清嘉。其重屋累居，参差错落；人烟稠密，市井繁华。若遇天气阴晦，只见云雾缭绕，山色空濛，城郭隐现，半浮水中。几疑云中海市，堪比方外仙山。至若夜幕降临，又有满城灯光，一川渔火，上下共影，浮光跃金。恍如繁星撒落，仿佛银汉泻地。这样的良辰美景赏心乐事，却被人无端地辜负了，岂不可惜！所以下次再评什么“八景”、“十景”的时候，一定建议把“江船回望”加进去。

据清代有关图经记载，朝天门建在江崖高处，门外是下到码头的长坡，远看十分雄伟。城门为双层结构，正门之外还有瓮城。瓮城门向北，入瓮城右拐，才是朝天门正门；正门朝东，与外城门成直角。这种拐角结构是为了适应沿陡直高崖上坡的路而设计的，其他如千厮门、通远门、南纪门、储奇门、太平门等也是这种拐角的形式。在朝天门外瓮城门额上刻有“朝天门”三个大字，正门额上则刻“古渝雄关”四个大字。瓮城又称月城，是一种军事防御设施，相当于两道防线，第一道门被攻破，还有第二道门可守。如果再玩一点计谋，假

匆匆过往于朝天门的人群

装退守第二道门，故意把敌人放一些进来，“请君入瓮”，然后立即关上城门，切断其后路，来个瓮中捉鳖，也就是关起门来打狗。这也是叫它做瓮城的原因。

在乾隆《巴县志》所附的图上，朝天门正门内不远处还有一道门，称为“三门洞”，说明早期的朝天门相当于有两个瓮城，三道城门。但在张云轩图上只存

重庆半岛

长江、嘉陵江两江汇合处(摄于1920年)

三门洞街名，这道城门已没有了。

也许正因为朝天门在各门中最为险固，易守难攻，所以从历史记载来看，它似乎从未被大军直接攻打过。敌人一般都从相对容易的地方进行攻击，如千厮门、通远门等。所以，朝天门的军事意义只是震慑性的，它的重要性主要还是体现在经济和政治意义上。

朝天门是两江枢纽，也是重庆最大的水码头，自古江面樯帆林立，舟楫穿梭；江边码头密布，人行如蚁。门外沿两边江岸有不少街巷，虽以棚户、吊脚楼居多，可也热闹成市，商业繁盛；门内则街巷棋布，交通四达，左可至下半城，右可至上半城。所以直到今天，这一带仍是城内最繁华的商业批发、零售区，类似于成都的荷花池，武汉的汉正街。

不过，古时朝天门主要的作用还是如前面民谚所说，是“迎官接圣”。即上级有重要官员来重庆，或者皇帝有圣旨、诏谕到重庆，就都在朝天门码头靠岸，地方官员也到朝天门码头迎接，这也是朝天门得名之由。码头上建有接官厅，门内有朝天驿、圣旨街、接圣街等名目，就是这种功能的反映。据说，早先朝天门码头是不准一般民船停靠的，为的是防止闲杂人等影响治安。后来虽然取消了这个禁令，但民船也只能靠旁边小码头，最大最好的码头仍然是留给

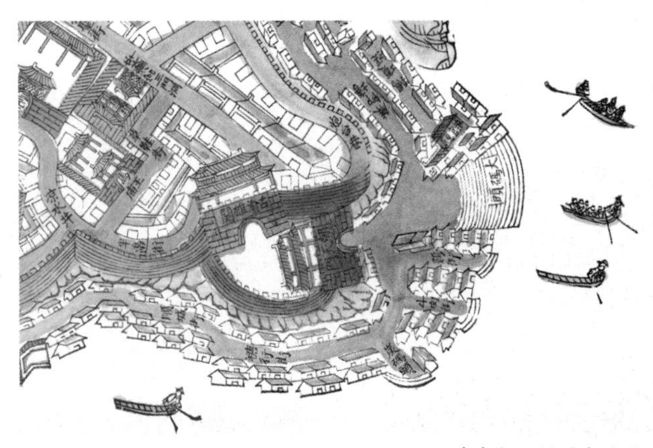

清末朝天门的老地图

远眺朝天门

官船用的。

1927年，重庆设市。为了扩大城市规模，解决街道狭窄和交通拥挤问题，重庆开始进行近代市政建设，其内容主要是扩建码头和拓宽道路。包括城墙、门楼和房屋在内的旧建筑被成批拆除，原有城市格局变化加速。朝天门因其交通上的重要性，首当其冲，成为在这一轮大拆大建中第一个被拆毁的城门。据当年工务局的报告说："朝天门为本埠之尾闾，两江之交点，整理城门交通，决以此为首图。爰于三月动工，先修下段平台，一面拆卸城楼门洞，以利交通。阅五月完工。"自此之后，至少有550多年历史的古代重庆城的象征——朝天门城楼，就从人间消失了，甚至连城门照片也没留下一张。

重庆港最大的码头——朝天门

# 东水门和翠微门

从朝天门往南，重庆城墙都沿长江边修建，而且基本都建在江边山崖上。这样的城墙既有军事防御作用，也有捍水堡坎的作用，所以虽经百年破坏，至今还残存着一些零星小段城墙。目前重庆仅存的两座古城门之一的东水门，也曾在1995年因建立交桥差一点被全部拆除，幸好经文物部门奔走呼吁，始得保留，近年来得到有效保护并作了维修，亦可供人参观凭吊。

东水门北距朝天门约800米，东临长江，门向北。东水门是重庆九个开门中两个没有瓮城的城门之一，算是开门中的小城门，“东水门”三字就书写在城门的门额上。

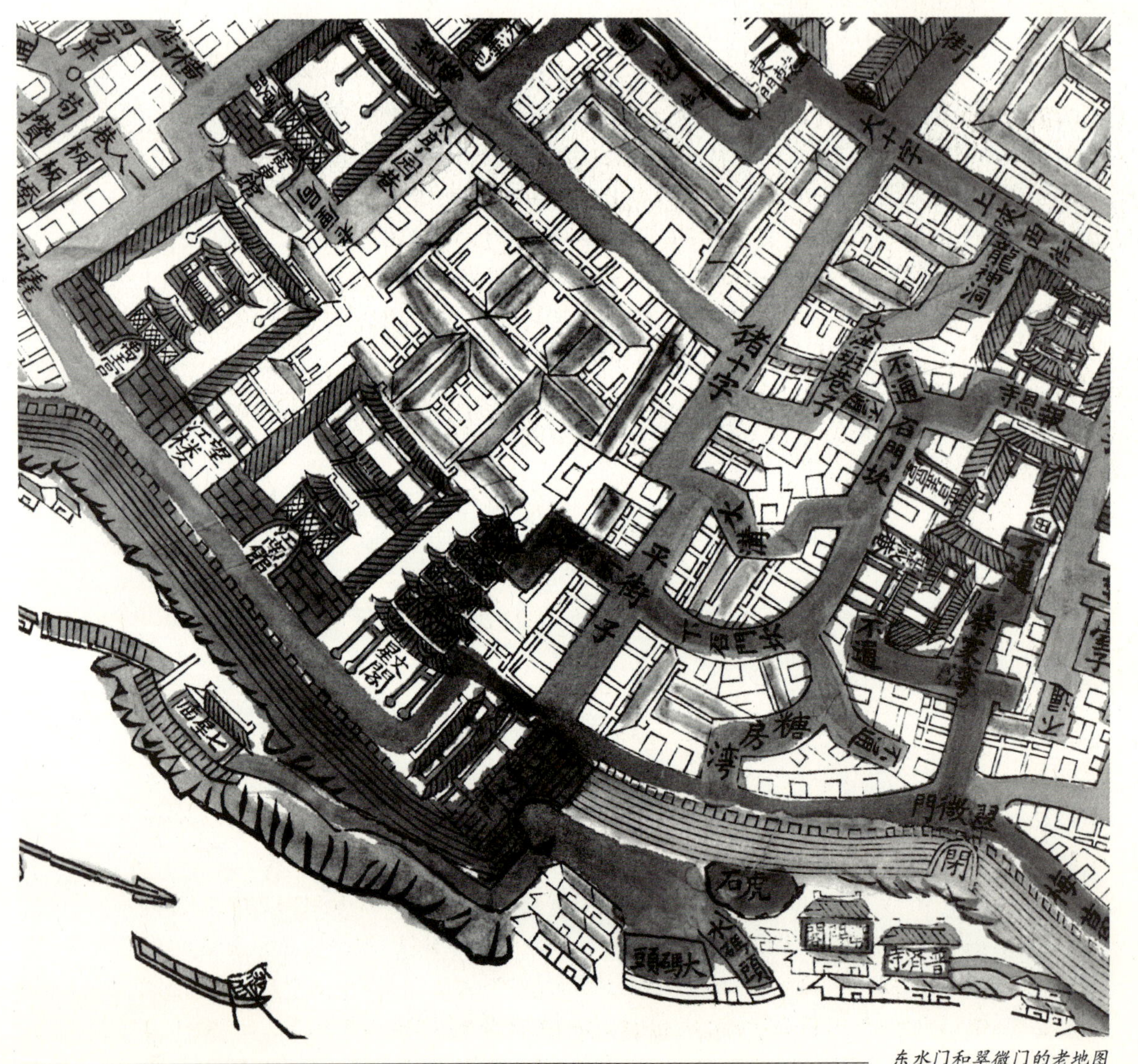


东水门和翠微门的老地图

东水门及其城楼旧貌

翠微门是闭门，在东水门之北约百米处，两门挨得很近，也没什么实际用途，早年间即已封堵无存。

在东水门这一带，是旧时重庆城内最繁华的商业区之一，各种店铺林立，商贾云集，主要经营各种小百货，其货物主要来自南京、上海等地，称为“苏货”，用船运到东水门上岸；到南岸的行人货物也多从东水门过江。这里也是会馆集中区，当时重庆城内有八大会馆，这里就集中了三所，即江南会馆、湖广会馆和广东会馆。

会馆是各地客商按籍贯在某一地方设立的“办事处”。过去人们出门在外，远离家乡亲友，遇事孤立无援，会馆则将一地的同乡同业者组织团结到一起，起到互帮互助、排难解纷的作用。如江南会馆就是江南省的驻渝办事处。清初设江南省，康熙时分为江苏、安徽二省，但仍沿用江南会馆名称，二省会馆也未分开。可惜这个会馆在20世纪七八十年代被全部拆毁建了住宅楼。

各省会馆都供奉有自已独白的神灵或先圣，如湖广会馆供大禹，广东会馆供佛教禅宗六祖慧能，山西会馆供关羽，江南会馆供准提观音等等。会馆的经济实力一般都较强，建筑也多宏伟富丽，所以连各省官员出行也常住到自己同籍的会馆中。清末四川保路运动兴起时，清政府派端方到四川镇压，因端方曾任两江总督，所以到重庆时就住在江南会馆里。夜里有人在会馆门上贴出一副

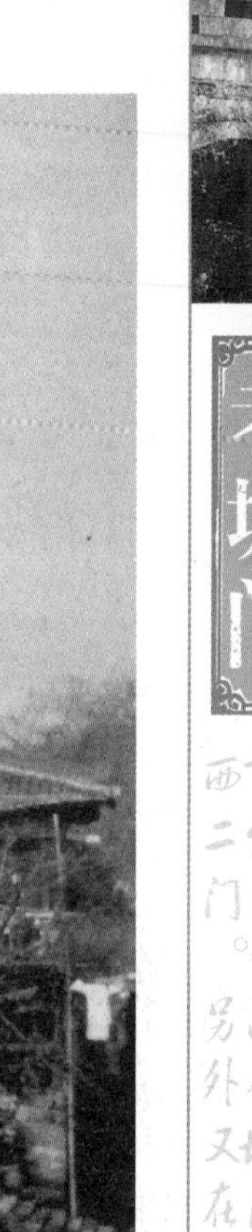

东水门城外的景象 魏斯·福里茨(德国驻渝总领事)夫人摄于1911年

东水门的木制城门

渝中区东水门(明代)

东水门城门

东水门城门和门楼

对联："端的死在江南馆，方好抬出东水门"。不仅把端方、江南馆、东水门等名词嵌入，而且对仗工整，语言诙谐，极生动地表现了革命党人对他的蔑视。

湖广会馆则是湖北、湖南两省的"驻渝办事处"。明代设湖广布政使司，辖今两湖一带，清设湖广总督，也称两湖总督。湖广会馆因祀大禹，故又叫禹王宫，始建于清乾隆年间，占地8 561平方米。这是一组具有浓郁南方山地木结构特征的传统建筑群，其样式独特，装饰华丽，雕刻精美，堪称典范，从清乾隆年间直到民国末，都是重庆数得上名的大会馆。解放后改作他用，年久失修，逐渐衰朽残破，被蚕食拆毁，至20世纪80年代已面临全面毁灭的危险。1992年，湖广会馆建筑群被列为重庆市第二批文物保护单位，从1998年初开始，重庆市相关部门加强了对湖广会馆建筑群的保护力度，组织力量进行了深入研究和全面规划，并多方筹集近亿元巨资，在国外专业机构的技术支援下，用了近两年的时间将其维修翻新，于2005年9月完工，并在其中设立了"湖广填四川"移民博物馆，能使这一珍贵的传统建筑群得以较完整地保留下来，真是功德无量！这也是重庆市区唯一保存的会馆建筑群（包括后面原广东会馆的戏台、院落等），与东水门一道组成一个古迹参观游览地。

根据历史遗迹修复的禹王宫大牌楼

会馆与人群

湖广会馆

湖广会馆旧貌

旧时的东水门

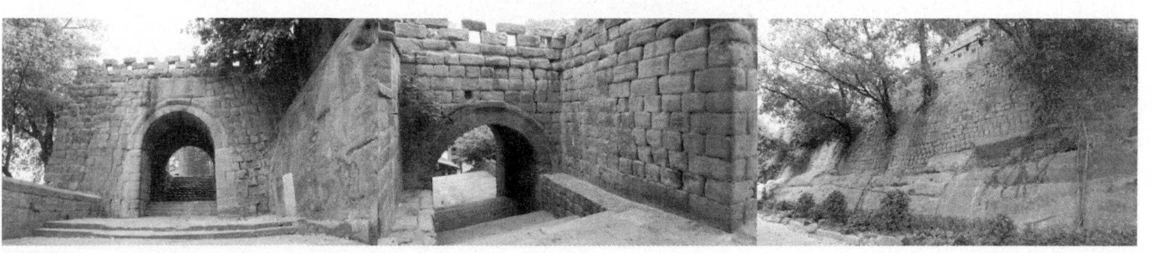

今东水门外侧、内侧、城墙

# 太平门和太安门

《元史·石抹按只传》卷一百五十四载，元军在至元十五年（南宋景炎三年，1278年），“复攻重庆太平门，（石抹）不老先登，杀其守陴卒数十人。”因此这应是宋代旧有之门，可能就是彭大雅所筑的诸门之一。太平门居重庆旧城的东南方，在东水门之南约七百米的长江边上。太平门有瓮城，门朝长江上游方向，上书“太平门”三字；正门面向长江，门额上书“拥卫蜀东”四字。太安门则在太平门北约四百米，为一闭门。

此两门之间的城内一带，是重庆衙署的集中地，川东道、重庆府、巴县三大衙门和行台（大臣出巡时的临时驻地）、经历署都在这一带，县文庙、县学也在近旁；这里又有白象街、商业场等繁华之所，还有不少庙宇，城外则是竹木市场集中之地，因此这里曾是重庆最热闹的地方。门内大街叫白象街，以附近有白象池而得名，是下半城的主要街道之一。重庆开埠后，这里集中了许多洋行、中外商号，多个轮船公司也在这一带设立总部，太平门成为轮船码头，停靠着各种江轮、木船，一时间，这里成为重庆政治经济中枢之区。民国建立后，县署改为县政府，府署在1913年废府后被卖给重庆商会，行台和经历署改作商业场，道署也于1926年被刘湘作为官产出卖，辟为第一模范市场；县文庙、县学则在1928年改为学校。这些建筑经过近百年的自然损坏和人为拆毁改建，至今已是遗迹难寻，昔日的繁华也如过眼云烟，随风逝去。

太平门旧貌

太平门城墙遗迹

过去报时没有标准的钟表，由官府在城内设立钟鼓楼（又称为谯楼），以铜壶滴漏记时，以敲钟击鼓的方式向全城报时。所谓铜壶滴漏，是中国古代普遍使用的一种计时装置，其构造大约如此：以若干个水斗（不超过四个）高低放置，从最高的水斗中依次往下滴水，以保持最下面一个水斗的水量基本稳定，从而保证下滴的速率基本不变。最后盛水的叫做箭壶，壶中有一小舟，舟上竖立一支箭，箭杆上有刻度。随着箭壶水面升高，箭也随小舟上浮，箭杆上的刻度也逐渐从壶口露出，人们就可以根据露出的刻度读出相应的时间，所以又称为漏刻。右图是古籍中所绘的唐代四级漏刻图，有四个水斗，并采用了虹吸管（叫做“渴乌”）输水；下面箭壶（称为“水海”）盖上作有一人形，手中抱一尺子（相当于箭杆），人们可以从手握尺子处露出的刻度来读出时辰。

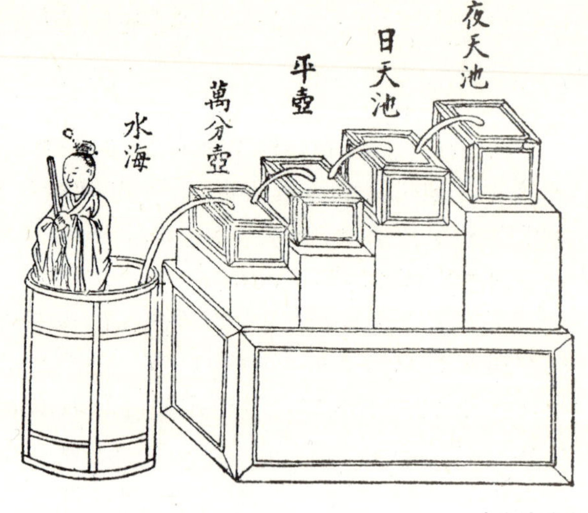

唐代漏刻图

在重庆府署右边就有这么一个鼓楼，即府谯楼，始建于明洪武中，内设有漏壶四个（即四级漏壶），故又称为漏壶台；清康熙年间重修，改名丰瑞楼，门额题有“寰海境清”四字。所以前面民谚说“太平门，老鼓楼，时辰极准”。而之所以叫“老鼓楼”，是因为乾隆时又在太安门内重庆府署左边新建了个鼓楼，取名新丰楼，于是就有新、老鼓楼之分。

据1927年《重庆商埠月刊》第七期记载，太平门城门在此年底修建码头时被拆毁。而新老两个鼓楼也在同期修建公路时被拆毁，其中的两套珍贵的古代计时仪器也不知所终。

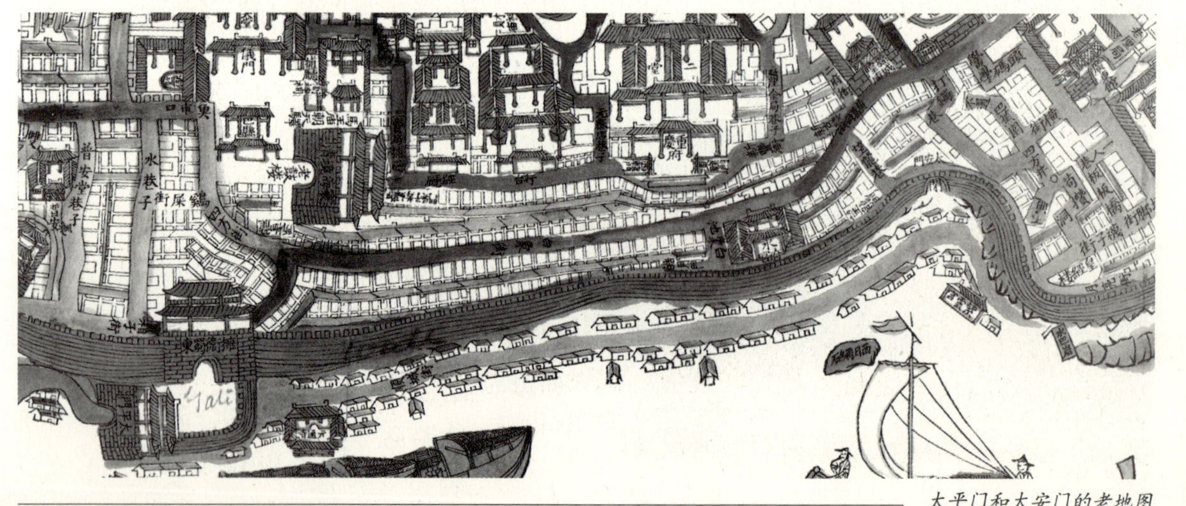
太平门和太安门的老地图

# 储奇门和人和门

储奇门位于重庆半岛的东南端，前毗邻长江。储奇之名，有储以奇材宝货之义。门亦有瓮城，西南向，上书“储奇门”三字；正门东南向，上书“金汤永固”四字，意为金城汤池，永不能破。

人和门在储奇门下游约一百五十米处，是闭门。

此两门一带也是商业繁盛之区，主要经营中药材和山货。四川及云南、贵州都是中药材和山货的重要产区，这里就是其主要集散地。各地运来的药材、山货大量堆放在这里，以待出售；外地来此购买的货物也在此等待船只，然后从水路经三峡运至省外。因此这里不仅商铺多，堆栈也多。时至今日，储奇门一带仍是药材市场，整日人流熙攘，市声喧嚣；储奇门码头也是舟车往来，忙如穿梭，颇有旧时繁华景象。

储奇门内原有列圣宫，即浙江会馆。此会馆与陈独秀还有一段关联。陈独秀才情盖世，却一生坎坷，晚年僻居江津乡下，贫困潦倒，却拒绝一切资助，于1942年5月27日逝世于江津鹤山坪石墙院，终年仅64岁，暂厝于江津大西门外鼎山之麓的康庄园地，抗战胜利后，其三儿子陈松年和侄子陈遐年商量按陈独秀遗嘱将灵柩迁回老家安庆，听说浙江会馆可运灵柩，于是前往联系，会馆一听说是陈独秀遗骨，一口应承下来。但为了避免麻烦，没在灵柩上写陈独秀的名字，而是写上陈独秀在科考时的名字“陈乾生”。1947年灵柩运回安庆

储奇门内大街

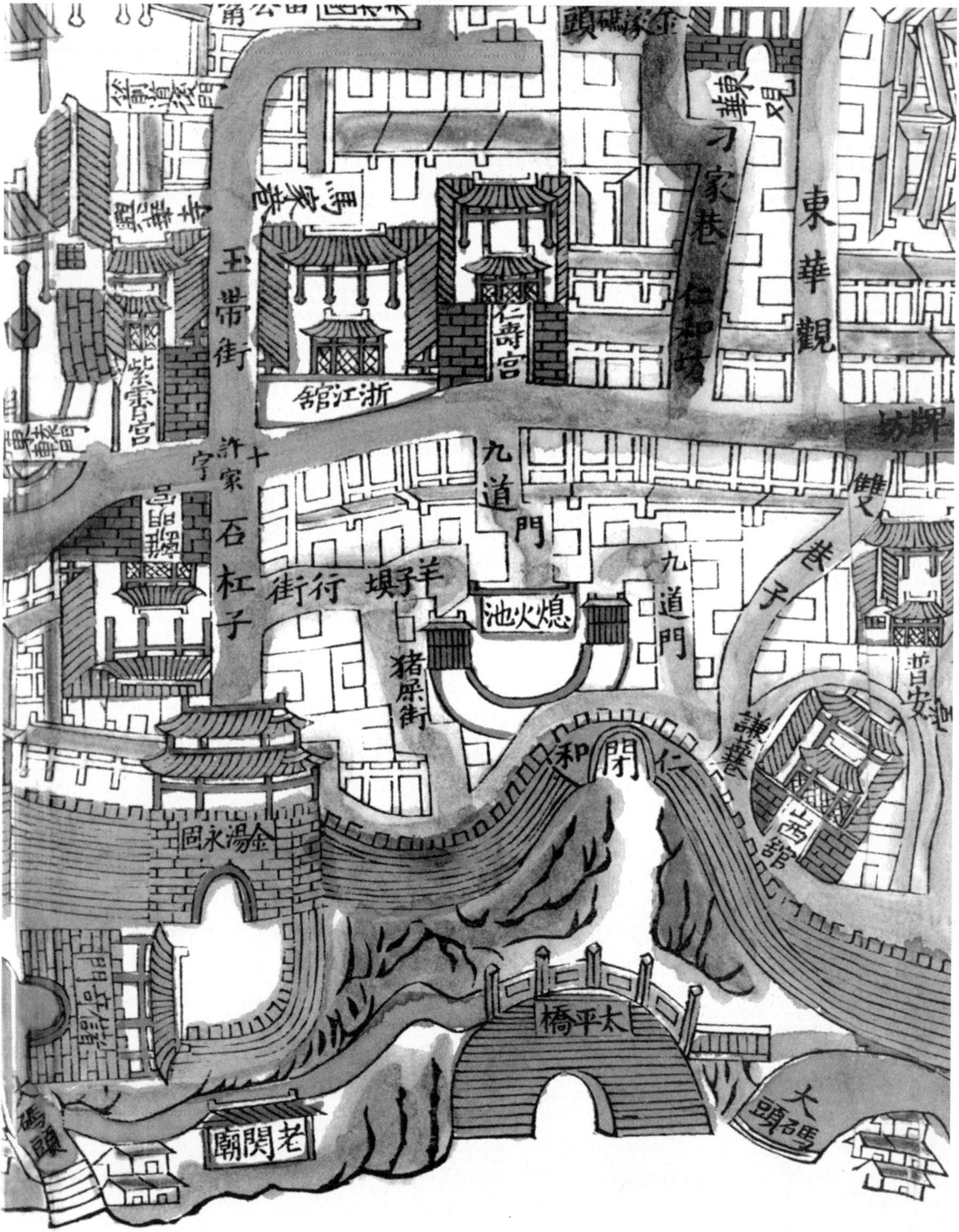


储奇门和人和门的老地图

大城主要是向西扩展，把城墙修到了重庆半岛的山脊上。当时
可能只有两个城门，一名青龙，一名白虎。从名称看应是东
西二门。另外又在城北一储粮之地修了仓城。这基本上就把重庆

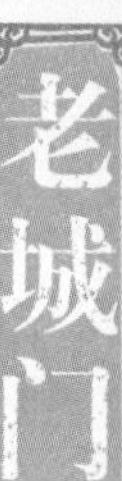

重修后的江津陈独秀旧居大门

陈独秀塑像

后，陈松年将陈独秀和生母高晓岚葬在了一起，并仍旧以“陈乾生”的名字立碑文。1982年，陈独秀墓被安庆市列为市级文物保护单位。1989年，原在江津的陈独秀旧墓，也进行了修复，被列为江津县级文物保护单位。

陈独秀在江津的旧居

# 金紫门和凤凰门

金紫门是所有开门中没有瓮城的两个城门之一，与储奇门挨得很近，不足150米，两门之间也没有闭门，这也是与其他门的不同之处。本来开门与闭门是一开一闭相间排列，但闭门只有八个，开门却有九个，所以必有两个开门之间没有闭门。

金紫门得名于附近的金紫寺，或说此处原有官府的金银库。这里还有一个传说，说是一个外国盗宝者知道这里有金银库，里面有一只金牛，于是决定第二天去盗掠。谁知这金牛有灵性，还有神仙看护，预先知道了这一消息，于当夜变为一中年汉子牵着一头黄牛，在金紫门码头渡船过江，躲到南岸“放牛坪”去了。过河时这黄牛还在船舱里拉了一泡屎，等天明船夫一看，竟是一堆金子！那外国盗宝者自然什么也没有得到。这传说虽荒诞不经，却反映了老百姓对外国掠夺者的轻蔑。

金紫门和凤凰门的老地图

金紫门原内有重庆镇总兵署，建于清康熙八年（1669年）。入民国后初为重庆镇守使署，1935年，为围堵追剿长征中进入四川的红军，蒋介石在重庆建立了“中央军事委员会委员长四川行营”，行营就设在原镇守使署。这是蒋介石势力进入四川的一个标志，也是川政统一、四川摆脱军阀控制而直属中央的开始，具有很重要的意义。1939年行营移至成都，此处又改为“国民政府军事委员会”。

国民政府军事委员会礼堂旧址

凤凰门遗址

今礼堂尚在，余皆不存。

金紫门往西三四百米处是闭门凤凰门，门因凤凰台而得名。传说该处曾有凤凰鸣于石上，至乾隆年间其石尚存。凤凰门段城墙遗迹到 20 世纪 80 年代尚可寻觅，1990 年 10 月因开发建房被拆，今已踪影全无。

## 南纪门和金汤门

《宋史》卷四五一记载，至元十五年二月，元大军围重庆，重庆守将张珏“率兵出薰风门，与大将也速答儿战于扶桑坝，诸将从其后合击之，珏兵大溃。城中粮尽，赵安以书说珏降，不听。安乃与帐下韩忠显夜开镇西门降”。这里涉及到三个地名，一是薰风门，二是扶桑坝，三是镇西门。镇西门肯定在西边，至于和通远门有无关系，目前尚没有任何史料可以证明，这里暂不讨论。而薰风门之名在湖广会馆的一幅清代木雕中也曾出现，画面为江边一城门，门额上书“薰风门”三字。从门名来看，此门一定在南，因为薰风就是南风，典出《孔子家语·辩乐解》：“昔者舜弹五弦之琴，造南风之诗，其诗曰：‘南风之薰兮，可以解吾民之温兮；南风之时兮，可以埠吾民之财兮。’”重庆旧城南边的门，有储奇、金紫、南纪三开门和凤凰一闭门共四个门，则薰风门必是其中之一。据上引史料记载，出薰风门外有扶桑坝，可供两军大战，且离城还有相当一段距离，才可能有元军令“诸将从其后合击之”。这几个门中只有南纪门外有珊瑚坝，此坝面积宽广，冬天水枯时面积更大，能与江北河岸相连，而张珏出战正是二月水枯坝广之时；南纪门城墙再往西不远就向西北拐弯，城外又有大片空

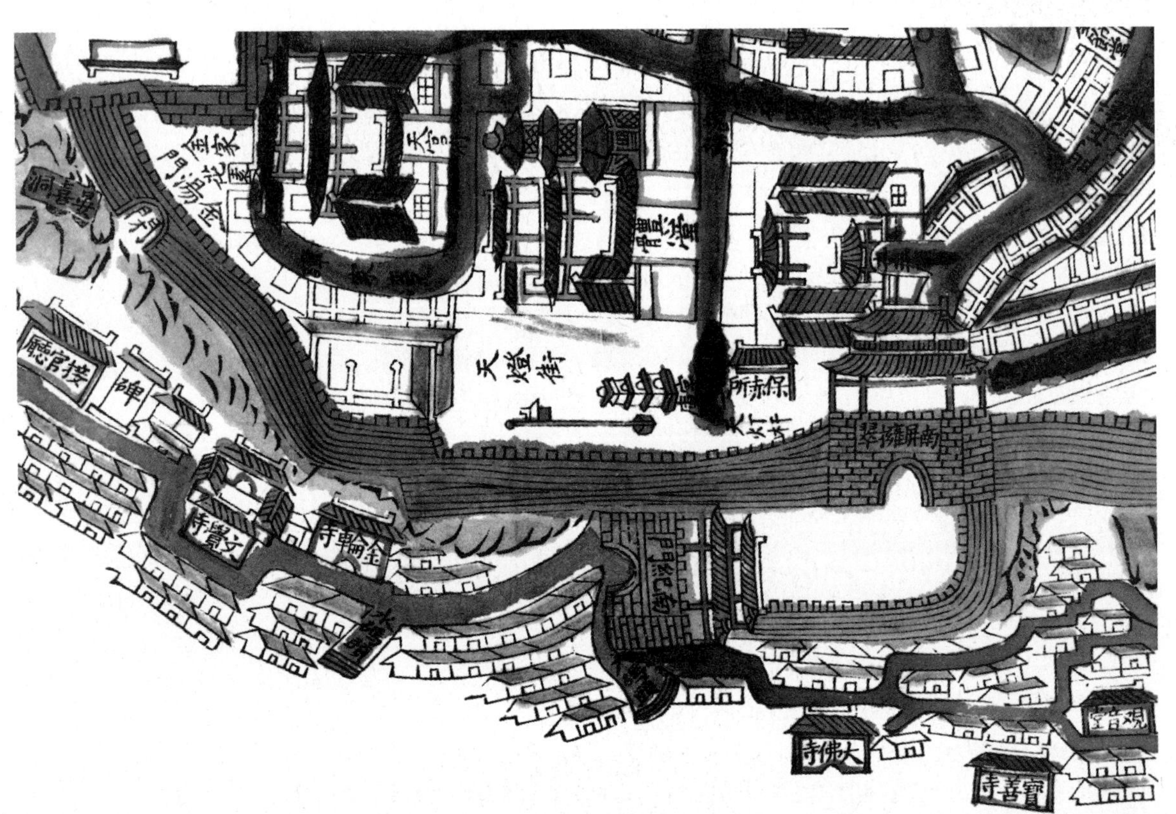


南纪门和金汤门的老地图

20世纪20年代的南纪门

地（重庆设市后首先就在这里开辟新市区），便于军队集结运动，这使出城部队的侧翼暴露在敌人面前，如果缺乏保护，很易被从菜园坝过来的敌军自侧后攻击，这正是张珏兵败的一大原因。所以我们认为，当年的薰风门很可能就是现在的南纪门，或就在南纪门附近，扶桑坝就是珊瑚坝。而其余几个城门都不具

古老的南纪门老城墙

南纪门内的老房子，现在已不复存在

备这样的地势条件，因此可以排除。或许有人会问，坝名“扶桑”，其位置应在城东，怎么会在城南？但重庆城东自古就是悬崖峭壁，水深流急，没有可供大战的平坝。我估计可能是《宋史》的作者（或所据史料的作者）不了解重庆地名，把“珊瑚”二字记颠倒了，并据其读音写成了“扶桑”，所以珊瑚坝就成了扶桑坝。

“南纪”之名出典于《诗经 · 小雅 · 四月》：“滔滔江汉，南国之纪。”门在重庆城垣的南边靠西，可水陆两通。瓮城门额上书门名，西向；正门朝南，书“南屏拥翠”。从这里隔江南望，对岸山势巍峨，黛色接天，犹如一道青翠的屏风矗立江边，拥围城郭，故有此题。

南纪门城门早在1927年整理城内交通、修建马路时就拆毁无存。

金汤门在城西南角的山崖上，封闭已久，无遗迹可寻。但此门内却有一著名建筑，这就是天官府。此府是明吏部尚书蹇义的府第。蹇义原名瑢，字宜之，巴县人，洪武十八年（1385年）进士，历明太祖、建文帝、成祖、仁宗、宣宗、英宗六朝，累官至吏部尚书、太子詹事，升少保、少傅、少师；他的名字“义”是明太祖朱元璋替他改的，还把这个“义”字御笔亲书给他；惠帝升他为吏部右侍郎，相当于中央组织部副部长；成祖也几次升了他的官，把吏部尚书的职位给了他，也就是把副字去掉升成正职，还让他辅佐太子；仁宗赐他“蹇忠贞印”以示特别褒崇；宣宗又赐他京城和家乡府第各一座；他死后祖先获追赠，家属受封赏，子孙得庇荫，本人则追赠太师，赐谥忠定。其恩宠荣耀，古来少见。他的子孙中也有不少在朝廷为高官，可谓钟鸣鼎食，世代簪缨之家。终明一朝，蹇家都是重庆最大的世家豪族，无人能出其右。

南纪门老城墙

菜园坝与珊瑚坝旧貌

雕刻精湛的薰风门木雕

文工会旧址

天官府就是明宣宗赐给蹇义的家乡宅第，是按王府的规格修建的，连匾额和门联都是宣宗的御书。明初设吏、户、礼、兵、刑、工六部，各以尚书领之，有如今天的部长。吏部专管各级官员的考绩黜陟，权力最大，有如《周礼》中天官冢宰的职权——“总御众官，使不失职”，所以把蹇义的这座府第就命名为“天官府”。

天官府建筑至今自然早已不存，但街名却还在。抗战时期国共合作时，郭沫若先生就住在天官府6号，他所领导的国民政府军事委员会政治部第三厅及后来的文化工作委员会则设在天官府8号。这里后来成为中共南方局和周恩来领导下贯彻执行党的抗日民族统一战线政策和文化工作路线的半公开的司令部，也是进步文化工作者的大本营，被文化界很多朋友和青年们称作重庆市内的“小延安”、“民主之家”。郭沫若旧居暨第三厅旧址在1983年就已公布为重庆市级文物保护单位，只可惜郭沫若旧居部分于1984年毁于火灾，仅第三厅旧址幸存。

# 通远门和定远门

通远门位于重庆城的西边，建在半岛中部的山脊上，是重庆各门中唯一的陆路开门，也是通往川中、川西及成都的陆路起点。通远门也有瓮城，门依山势向北，门上有“通远门”三字；正门则朝西，上书“克壮千秋”四字。

通远门外过去是大片坟地，城内的人死了都由此门抬出埋葬，所以有“通远门，锣鼓响，看埋死人”之谚。这里山青人静，庙宇疏落，每逢清明节近，春日融融之时，城内士女，三五相邀，载酒携食，前往踏青，谓之“上野坟”。草草祭奠之后，便寻一僻静地，席地而酌。遇有素不相识的男女，亦邀同共饮，酒酣耳热之后，时有桑间陌上之事发生，故曾遭官府禁止。然风俗如此，禁之无效，亦莫可如何也。

通远门是古代重庆最重要的军事要塞，城门两侧都建有炮台。它也是重庆历史上遭受军事攻击最多的一座门，叛军、流贼、农民军、清军等，都曾进攻过此门。最有名的一次是明末张献忠攻通远门。明崇祯十七年（清顺治元年，1644 年），张献忠自湖北入四川，从三峡溯江而上，相继攻破夔州、万县、忠州、涪州，并自带一支兵绕过天险铜锣峡，攻破重庆上游的江津，然后顺流而下，夹击重庆，先夺佛图关，再攻通远门。他派人掘开城外坟墓，取棺材板令士兵顶在头上以挡矢石，在城下挖地道埋火药，炸开城墙，攻入城内，俘明端王朱常浩及巡抚、知府、知县等一干明朝官员，都凌迟处死。据《明季北略》

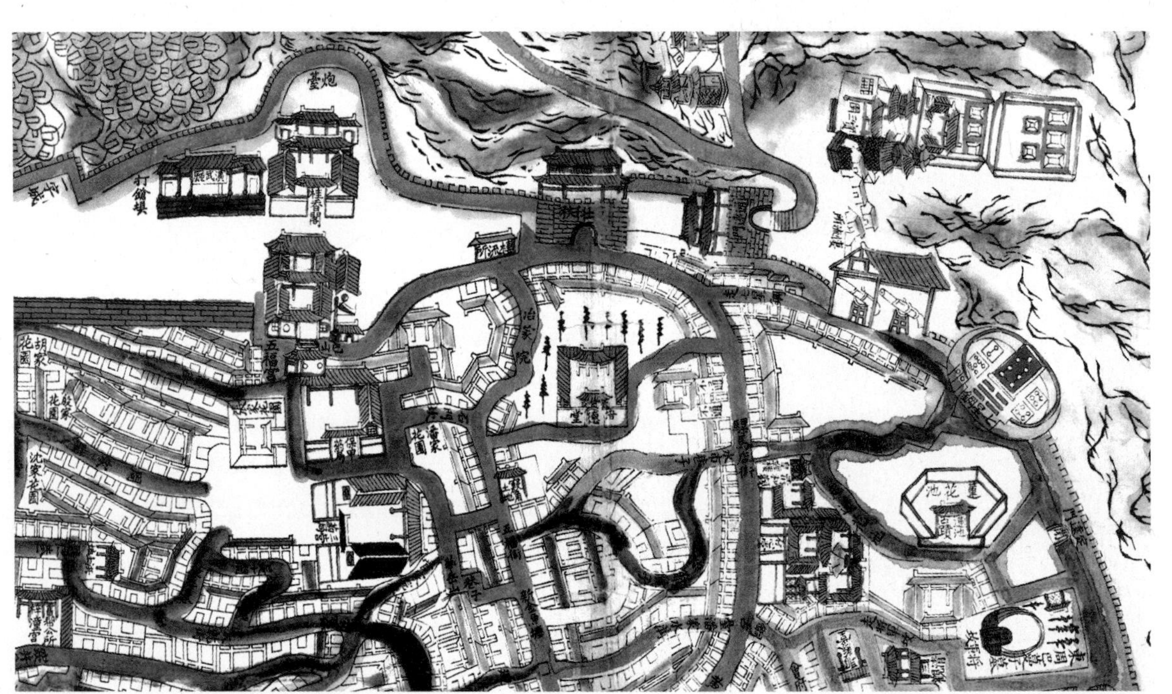

通远门和定远门的老地图

20世纪70年代末的通远门(外侧)

20世纪70年代末的通远门(内侧)

等书记载，张献忠同时还将城内百姓三万余人砍去右手，有欲保右手而暗伸左手者，被发现则双手俱被砍掉。是否有这事，不能肯定，但从流传甚广的“杨柳街”故事看，插柳者可免死，不插柳者就性命难保，反倒说明张献忠在重庆确有滥杀之事。

近来多有为张献忠“剿四川”辩白者，说这都是封建反动统治阶级的诬陷。但此类事不仅仅是官方史籍有记载，大量时人笔记见闻、民间传说，还有在张献忠军中亲历其事的西方传教士的记述，都表明这绝不是虚构，更不是几个别有用心的人在胡编乱造。而且当时农民军众多，包括统治者最恨的李自成（也曾几进几出四川），臭名昭著的摇黄十三家，都没有说是他们屠四川，何独与张献忠过不去？固然，杀人者的确也不止大西军（张献忠所建政权号为大西）一家，流贼、明军、清军都有杀人记录，但他杀人最多，最彻底，最残酷，最变态，最花样翻新，却也是不争的事实，所以当时四川人口的大幅减少，张献忠应负主要责任。我们没有必要为历史上农民军的破坏行为曲意隐讳，也不应在研究中掺入太多的意识形态而粉饰

这类凶残的历史人物，而应当按历史的本来面目去认识历史。

小时候就听老人们讲过，说是“张献忠剿四川，鸡犬不留”。讲他本是陕西人，小时候随父贩货入川，有一天走在路上，突然屎胀了，赶紧找一野地蹲下便拉，拉完后顺手从旁边扯了一把草来擦屁股，谁知却抓到了“火麻”，也就是荨麻，这是一种西南地区多见的草本植物，一般北方人都不认识，它的叶上生有浓密的毒毛，人畜一碰就会被刺伤，轻则火辣辣地痛，重则引起成片皮肤红肿发炎。张献忠的屁股因此又肿又痛，路也走不得，驴也骑不了。他不怪自己见识少，却认为是四川的野草也这么欺负人，于是怒从心头起，恶向胆边生，发誓将来发迹后要杀光四川人。果然后来进入四川时逢人便杀，一心要把四川人斩尽杀绝，以泄当年心头之恨。火麻的传说固然无稽，但其血腥屠杀，却是四川老百姓永远也忘不了的。

在通远门内左侧城墙下，原有一片空旷场地，名为“打枪坝”，是军队操练之所。因其地宽敞，也是群众集会之处。1927年3月31日，国民党左派省党部和中共重庆地委共同组织重庆各界群众四万多人在此召开反英大会，抗议英

国兵轮炮轰南京，屠杀中国人民的暴行。时驻重庆的军阀刘湘接蒋介石密令，派大批暴徒袭击与会群众，造成死亡三百余人，重伤七八百人的大惨案，即“三·三一”惨案。这实际上是蒋介石“四·一二”屠杀在重庆的预演。中共重庆地委书记杨闇公在混乱中越通远门城垣而出，但四天后出走重庆时在江轮上被捕，被敌人割舌挖眼断手，最后身中三枪而死。今通远门南侧城墙上立有“三·三一惨案殉难烈士纪念碑”，并在江北五里店建有“三·三一惨案死难志士群葬墓地”，以供后人缅怀凭吊。

20世纪20—40年代，因市政建设而大肆拆毁城门城墙，到解放前夕仅通远门和东水门尚存残迹。通远门之所以躲过被拆的命运，在于它高踞于山脊之上，修街道马路时只是从城门下方穿山打洞而过，成一隧道，城门才得以保留。现在这里已成为人们的休闲去处。

定远门也是一闭门，位于通远门之北不远处。门内莲花池侧有巴蔓子墓，俗称将军坟。蔓子为战国时巴国的将军，巴国内乱，蔓子向楚借兵平乱，许事后谢以三城。乱平，楚使索城，蔓子拒绝予城，而自刎以头授楚使。楚王叹息道：“要是我能得到蔓子这样的臣下，要城来干啥呀！”于是以上卿礼葬蔓子头，巴国也以上卿礼葬蔓子身。于是就有了此坟。

不过关于重庆城内的蔓子墓，仅见于清代以来的诗文记载，未见明以前的。《蜀中名胜记》本《志》云：“郡学后莲花坝，有石麟石虎，相传为古时巴

*20世纪20年代的南纪门，山顶上即打枪坝*

君冢。”据此，则此墓在明末尚称为“巴君墓”，也许就因其音近而讹，以至把“巴君冢”附会为“巴将军冢”，或是把“巴子墓”附会为“巴蔓子墓”。

通远门在重庆之西，建于山顶，地势险要，屏障全城

关于此墓还有一段小故事。明末做过宰相的巴县人王应熊有一段时间罢官归家，在扩建其宅第涵园（俗称莲花池）时，据说曾将巴蔓子墓园占毁，颇受后人诟病。但细思之下，此事不太合于情理。王应熊以进士入翰林院，多年为官，又曾贵为宰相，朝中政敌不少，自应

通远门城门(建于明洪武年间)

通远门老城墙和模仿攻城的战场

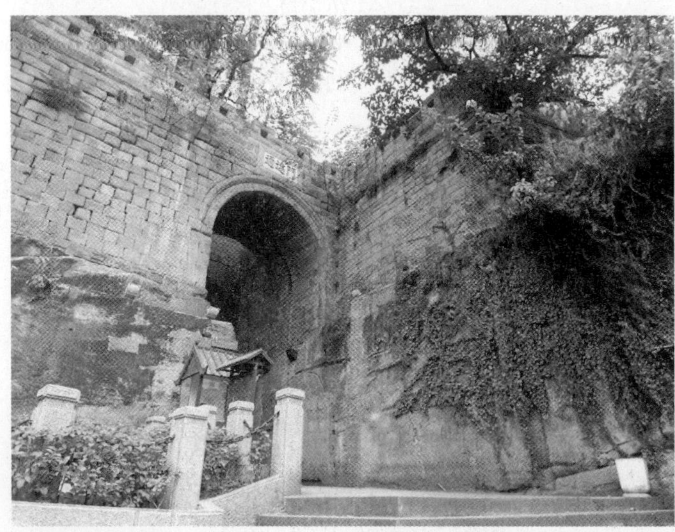
今通远门外侧

低调做人，史籍亦记载他回乡后“门庭严峻，罕与人交接”；而且此人“博学多才，熟谙典故”，“清洁好修，事事以古人自命”，是个极讲传统道德伦常的典型封建知识分子；在抵抗张献忠军进攻重庆的战事中，他总督四省军务，以忠臣自居，也算对明王朝尽忠竭力，最后病死在败军路上。这样一个人，怎么会冒天下之大不韪，把自己家乡这个两千年来受人景仰的忠臣墓私自占据并毁掉？唯一合理的解释就是，此墓在当时根本就没人认为是蔓子墓。但王应熊乡声不佳，原因是其弟王应熙曾寻隙构陷另一乡贤、曾任明南京户部侍郎的倪斯蕙，使其家破人亡。有人告上朝廷，牵扯到王应熊，故为乡人所轻。明末清初的刘道开就多次写诗为倪鸣不平，占蔓子墓为园一说最初也是出自其《涵园二首》，以此谴责王应熊在乡不仁。曹学佺《蜀中名胜记》出版于明万历四十六年（1618 年），其记载的“郡学后莲花坝，有石麟石虎，相传为古时巴君冢”，言明取自以前的旧志书，可见其名流传已久，且无人持有异议；王应熊经营涵园在崇祯六年（1633 年）冬回乡以后，所以虽然曹氏曾很欣赏王氏，但也不存在为王饰非的嫌疑；而刘道开仅比曹小 31 岁，晚卒 39 年（曹卒于 1646 年，刘卒于 1685 年），写《涵园二首》的时间是在其晚年，则“巴君冢”变为“巴将军冢”的时间最多也就不过在五六十年间。在此期间天下大乱，物是人非，知其因者转徙流死，不知其因者人云亦云。也许就是因为如此，原“巴君”就一下子变成了“巴将军”，且至今没有人怀疑。若果真如此，这王应熊实在是有点冤枉。

今通远门城墙

杨闇公像

巴蔓子墓

# 临江门和洪崖门

临江门位于重庆城北，靠嘉陵江边，是“小河”（嘉陵江的俗称）边上的一个重要水码头。

临江门也有瓮城，但其城门与正门一样都是朝北，这在重庆有瓮城的诸门中是独一无二的，这也与当地的地形有关。瓮城上也书门名，正门上则书“江流砥柱”四字，缘于其地势险要，左侧有一山石突出于江心，故有此题。

临江门是重庆各门中拆得最早的，1921 年为修马路就拆毁了。

洪崖门在临江门之东约四百米处，戴鼎筑城时列为闭门。此地临江崖壁上有一天然崖洞，就叫洪崖洞，门因洞而得名。此洞为旧时名胜，明曹学佺《蜀中名胜记》引《志》云：“城西雉堞下有洞曰洪崖，覆以巨石，其下嵌空，飞瀑时至，亦名滴水崖。有元丰时苏轼、任仲仪、黄庭坚题刻。”乾隆时王尔鉴知巴县，主修《巴县志》时定“巴渝十二景”，其中就有“洪崖滴翠”，并作《小记》以赞之，其文曰：“洪崖洞在洪崖厢，悬城石壁千仞，洞可容数百人，上刻洪崖洞三大篆字，诗数章，漫灭不可读。城内诸水逾堞抹岩额而下，夏秋如瀑布，

临江门和洪崖门的老地图

远望临江门，是层层叠叠的吊脚楼，它是老重庆最具特色的民居建筑

冬春溜滴，汇为小池入江。石苔叠翠，池水翻澜，夕阳返照，五色陆离，莫可名状。至若渔舟唱晚，响答岩音，又空色之别趣也。”最近这里已建成餐饮休闲旅游区，崇楼危阁，画栋雕梁，还新做了一个假洞(实际就是个人工崖腔)，而真正的原洞却已无处可寻矣。

洪崖门也是古战场。据《新元史·汪世显传》卷一百四十二载，元至元九年（宋咸淳八年，1272 年），元军“兵围重庆，命惟正助之，惟正夺其洪崖门，获宋将何世贤”。洪崖门一带都是高崖绝壁，应是易守难攻之地，而元军居然攻入此门，虽未由此破城，但却生俘其统制（据《元史》为“获宋将何统制”）级的军官，相当于今天的师长，定是宋军太过麻痹，而元军也真能出奇制胜。从此也可以看出，宋末的洪崖门应该还

临江门旧城外小道门洞

临江门外旧景

临江门内奎星阁

是开门，可能也是彭大雅所筑的城门之一。顺便说一句，夺洪崖门的元军将领汪惟正，有人说是元军征南都元帅汪良臣之子，其实不然，他应是其兄汪德臣之子，即汪良臣的侄子。

在临江门和洪崖门城内一带，旧时有府学、府文庙、奎星阁、东川书院等与文教有关的一系列设施。重庆城里有两座文庙，一座在下半城，为县文庙，一座在临江门内，为府文庙。这是因为重庆府与巴县同治于一城，所以各有各的一套机构，连孔庙也不例外。府文庙比县文庙大，据记载最早建于南宋初，后几经重修增扩，到清宣统年间规模达

20世纪80年代的洪崖洞城墙遗迹

到最大。辛亥革命后被作为学校，其原有建筑逐渐被改建拆毁，抗战中又遭日机轰炸，庙遂不存。而庙前泮池早在1932年就被填平作为公共体育场。泮池是一半月形的池塘，传说是孔子的洗墨池，凡文庙都建得有，老百姓常将其作为放生池，放养些鱼虾龟鳖进去。时隔三十多年之后，到了20世纪60年代，附近一间公共厕所里忽然有许多乌龟爬了出来，引起民间惊诧莫名。猜测可能是原来泮池里的乌龟，被填埋后转入地下，但居然还能生存这么久，也真是奇闻一件。传说中有“龟息之功”，即此之谓乎？

远眺临江门

洪崖门(洪崖洞)位于嘉陵江畔，为重庆古迹之一。旧时，夏秋有瀑布悬空，冬春有夕阳返照，五色陆离，时称“洪崖滴翠”

# 千厮门与西水门

千厮门是重庆城北靠嘉陵江边的两个开门之一，西距临江门约八百米，东距朝天门约五六百米，隔江与江北城相望，来去川北的货物与旅客多在此门上下船，其千帆竞发、人流攒动之况，曾盛极一时。其货物以棉花为大宗，所以有“千厮门，花包子，白雪如银”之谚。

千厮门也有瓮城，瓮城门向西，上书“千斯巩固”四字；正门向北，上书“千斯门”三字。说明“千厮”之名，也作“千斯”。其义一说出典于《诗·小雅·甫田》：“乃求千斯仓，乃求万斯箱。”有祈求粮食满仓的意思，这是雅的解释。但《诗经》原句只作斯而不作厮，且斯字在此句中没有确切的含义，仅为一虚字，以为门名，于义项上欠通。犹如说“千之仓，万之箱”而以“千之”为名，亦难免不知所云之讥。故又有一说，以厮字原指仆役之类的下层劳动者，这里是嘉陵江边最繁忙的码头，上坡下坎全凭人力搬运，各行力夫（相当于现在的“棒棒”）就特别多，因此取名“千厮”，这是俗的解释。不过瓮城上的“千斯巩固”四字，用上述两个意义去理解都不大好使。最终如何，还有待方家进

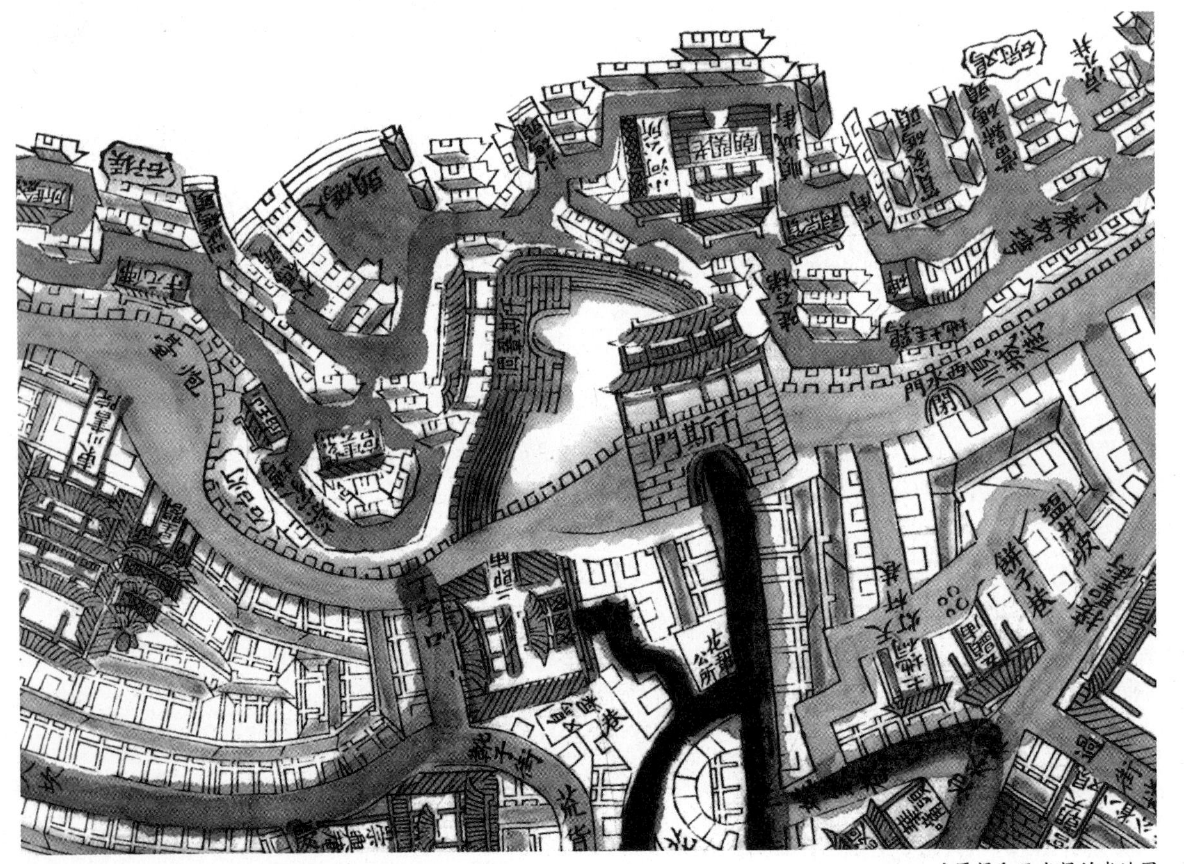


千厮门和西水门的老地图

杨沧白像

一步考证。

千厮门离嘉陵江入长江处不远，因长江水流的阻碍作用，这里江流比较平缓，江面相对开阔，所以从军事上看，是各门中最易于从水上进行攻击的。历史上这里也确实发生过大战。据《元史·石抹按只传》卷一百五十四载，元世祖至元十二年（宋恭帝德祐元年，1275年），元军围重庆，第二年，元将石抹不老“乘夜袭宋军，直抵重庆城下，攻千厮门。宋军惊溃，溺死者众，生擒三十余人，获其旗帜甲仗以献。”据此记载，千厮门在宋末就已存在，很可能也是彭大雅所筑的诸门之一。城门西侧的城墙上原筑有炮台，安放有大炮，以御江上之敌。现炮台已不存，其中一尊古炮尚陈列于重庆中国三峡博物馆展厅中。

炮台内有炮台街，相邻有书院街、响

千厮门上的老房子

沧白楼旧貌

水桥街，这三条街在1943年被拓宽合并，取名为沧白路，并在路北建了“张烈士培爵纪念碑”，这是当时国民政府为了纪念两位辛亥革命的功臣——杨沧白和张培爵而修建的。

杨沧白，名庶堪，字沧白，巴县人。早年曾秘密组织四川第一个资产阶级革命团体——公强会，后加入同盟会，为同盟会重庆支部领导人，长期以中学监督、教员的身份为掩护，开展反清活动。1911年与党人共组重庆保路同志会，并被推为主盟。11月22日，与张培爵一起领导重庆同盟会起义，成立蜀军政府，并推张培爵为都督，自谦任高等顾问。后组织讨袁军，失败后去日本，协助孙中山组织中华革命党，任该党四川主盟人。回国后孙中山先后任命他为四川省长、国民党本部财政部长、广州政府大元

被称为“三将军”的古炮

蜀军政府成员合影

千厮门老民居

张培爵纪念碑

帅府秘书长、广东省长等职，还曾在北京段祺瑞政府中任过三个月的司法总长。大革命后闭门读书，多次辞官不受，抗战爆发后辗转回到重庆，于1942年8月病逝，终年62岁。国民政府为褒扬其革命功绩，在1943年7月将原重庆府中学堂旧址改建为杨沧白先生纪念堂，所在街道改名为沧白路。

张培爵，字列五，荣昌县人。早年加入同盟会，与熊克武等党人共谋发动成都及川南各县起义，均告失败。后在重庆府中学堂任学监，继续从事革命活动。1911年11月22日，与该校监督、同盟会领导人杨庶堪等共同发动起义，成立蜀军政府，被推为都督。成渝两军政府合并后，任副都督，再改任民政总长。后袁世凯将他调往北京，委以总统府顾问官虚职。“二次革命”中资助黄兴取南京，事败后避居天津租界内，继续谋划再举。1915年3月，袁世凯将他诱捕杀害。1935年国民政府为张培爵举行公葬，并于1944年7月在重庆沧白路修建“张烈士培爵纪念碑”，供后人纪念瞻仰。

千厮门东边是西水门，因其在朝天门以西，故名。此门为闭门，又离千厮门极近，实际上并没起什么经济、交通或军事方面的作用，所以连前面的民谚里也没提到它。

# 佛图关

重庆北临嘉陵江，南濒长江，地势狭长，形如半岛。其最窄处，在城西十余里的山脊处，仅几百米宽；其最高处建有一城，名佛图关，因城中石壁上刻有佛像，故名。其始建时间无考，或写作浮图关，以渝城方言佛、浮音同，故能通用。

佛图关两江夹峙，孤峰矗立，地势险峻，山路狭窄，却又是西去四川腹地必经的陆上唯一“大道”，堪称山城锁钥，重庆咽喉，自古为兵家必争之地。此城有三重关门，城内常年驻有兵丁，检查往来行人，保卫重庆大门，所以它实际上是重庆的卫城。

但这座卫城的作用并不是很大，从历史上看，除了小股匪徒侵扰外，稍大的部队，都不难把这个关隘拿下。其原因在于佛图关本身虽然易守难攻，但城小地狭，不能屯驻大军，城中缺乏水源食物，难以持久；又孤悬大城之外，且江边有崎岖小路可绕至两路口山鞍部，水路也可从菜园坝附近登岸，极易被从城后包抄而切断其与重庆城内的联系。因此大军一到，不是很快被攻破，就是守将弃关而逃，从来就没有真正起到重庆屏障的作用。

*抗战时期的佛图关*

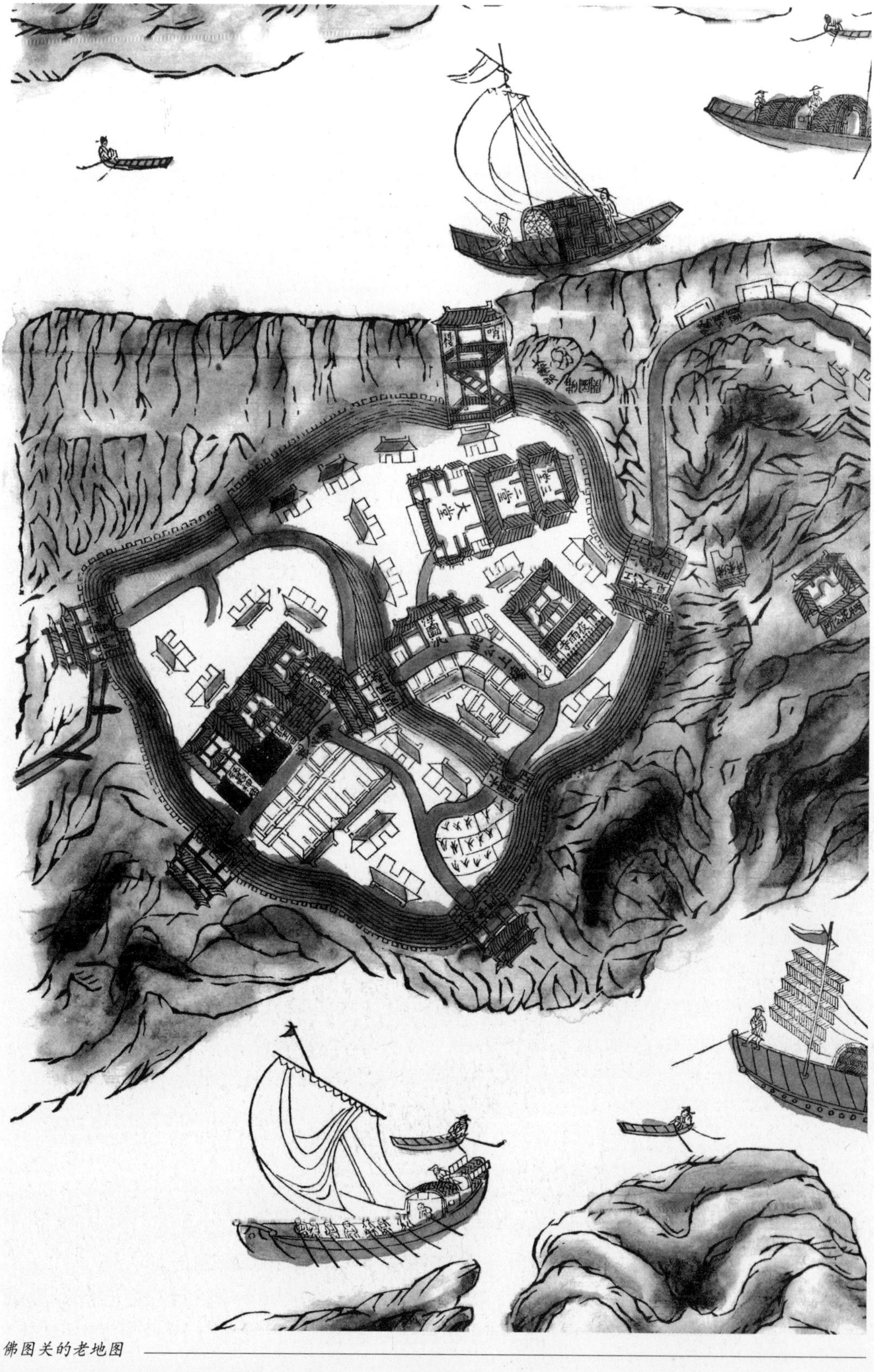

城主要是向西扩展，把城墙修到了重庆半岛的山脊上。当时只有两个城门，一名青龙，一名白虎。从名称看应是东、



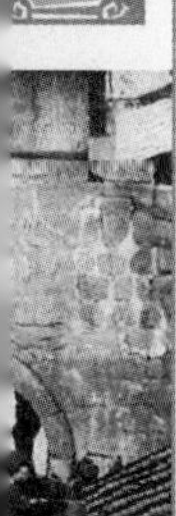

佛图关的老地图

佛图关日落(摄于1940年)

蒋介石给“复兴关”的题字(摄于1940年)

这个军事上的弱点早在三国时李严即已看到，因此他在建好江州城后，又想在这附近最狭窄的俗称“鹅项颈”处将山崖凿开，把两江连通起来，让江州成为真正的江心之洲，断去敌人从陆上进攻的来路。《华阳国志·巴志》说，李严“欲穿城后山，自汶江通水入巴江，使城为州”。但此举被诸葛亮制止，并将他调去北征，因此工程没有完成，但据说斧凿痕迹犹在。这个李严对大兴土木似乎特别有兴趣，尤其喜欢挖山通水，《华阳国志·蜀志》载，李严在武阳（治今四川新津）当太守时，“乃凿天社山，寻江通车道，省桥，梁三津，吏民悦之”。这倒是一项便民的大工程。有人说李严挖穿两江的作法在军事上不可取，让重庆成了背水之城，给自己断了退路。殊不知这正体现了韩信“置之死地而后生”的战略战术。从历史实践来看，重庆从未自江上被攻破过，每次城破都是被敌人从陆路攻入的。我想诸葛亮更多的不是从军事上着想，而是从人力、物力上考虑。诸葛亮特别体恤民力，而李严的这个工程有点不切实际，因为这个工程太浩大了，即使现在有机械、炸药，做起来也不是件易事，这可能才是被诸葛亮制止的真正原因。

重庆的秋天多雨，尤多夜雨，唐人李商隐有《夜雨寄北》诗，诗曰：

> 君问归期未有期，巴山夜雨涨秋池。
> 何当共剪西窗烛，却话巴山夜雨时。

清乾隆年间王尔鉴以关内青石上夜生雨露，遂将“佛图夜雨”列为巴渝十二景之一，清道光年间又在佛图关内建夜雨寺，今尚有遗存。

关城内原有姚公场，是为纪念清同治年间任川东兵备道的姚觐元而特设的一个乡场。姚觐元，字彦侍，浙江归安县人，道光二十三年（1843年）中举人，

佛图关南门今貌

为户部郎中，同治中为川东兵备道。他看见川东荒山既多，民亦穷困，于是从家乡引来桑树、蚕种，教各州县民众养蚕。并从浙江请来养蚕高手，在佛图关作种桑养蚕缫丝示范，还在关内建蚕神祠，以利推广。因此本地蚕桑业兴起，姚觐元厥功至伟。为了纪念他，人们便在佛图关中设了此场。

1938年5月，蒋介石在武汉成立中央训练团，自己亲任团长，陈诚兼教育长，主要负责训练中级以上的党政军干部，培养文武人才，满足抗战需要。该团于1939年3月迁至佛图关。因佛图关三字在四川方言中与“糊涂官”谐音，所以当时社会上流传着“蒋介石在佛图关训练糊涂官”的谑语。蒋介石于是把佛图关改名为复兴关，寓“民族复兴”之意。

佛图关摩崖题刻

自从嘉陵江和长江边修了沿江公路后，佛图关不再是行旅必经之道，其关隘作用基本丧失，于是被一些单位和居民侵占瓜分，成了杂乱之地，游踪罕至之。20世纪80年代后期，这里经重新整治，将东北面约六百亩地辟为公园，与鹅岭公园相邻接。可惜旧有城垣毁灭大半，不复当年雄关旧貌，但登临绝顶，仍可见两江如带，一峰似簪，壁立百丈，磴曲千层，崖壁上还残存着一些唐、宋、清代和近代石刻。“佛图遗隘”也因此在1989年被评为新的“重庆小十景”之一。

# 历史悠久的巴渝古城

在广袤的巴渝大地上，自古就分布着众多的大小城市。各民族人民在这里繁衍生息，创造了丰富、灿烂的文化。至今，这里还保留着许多古代文化遗存，让我们能窥见古人的生活与环境。在这些文化遗存中，古城是其中最重要的部分之一，虽经近代以来的多次大规模破坏，现在所见百不余一，但就其遗址遗迹看，却仍具有珍贵的文物价值与旅游价值，是不可多得的文化遗产。现在这一点虽然早已为大多数人所认识，一些城址也被当地政府列入文物保护单位，但仍有个别地方对此认识不足，一些城市在“旧城改造”和“开发”中将其拆毁，令人痛惜。故本章所录，选取标准一是以现在的县、区为单位，二是在古代长期作过县以上行政政权驻地的城镇，三是现在尚有城墙、城门遗存的，已无遗存的一般不收入。

## 江北古城

江北城在嘉陵江与长江汇合处，即嘉陵江北岸，长江西岸，与重庆旧城隔江相对。江北城始建于何时，目前有两种说法，一说是张仪所筑，即筑于战国晚期；一说是西汉建北府城时所筑。但目前都没有考古学上的证据来证明之。

目前能确定的，是汉代江州县治和巴郡郡治曾设在江北，后人称为北府城，这是关于江北有城的最明确的记载，近年在刘家台、江北嘴都发现有大批

江北城(摄于 1920 年)

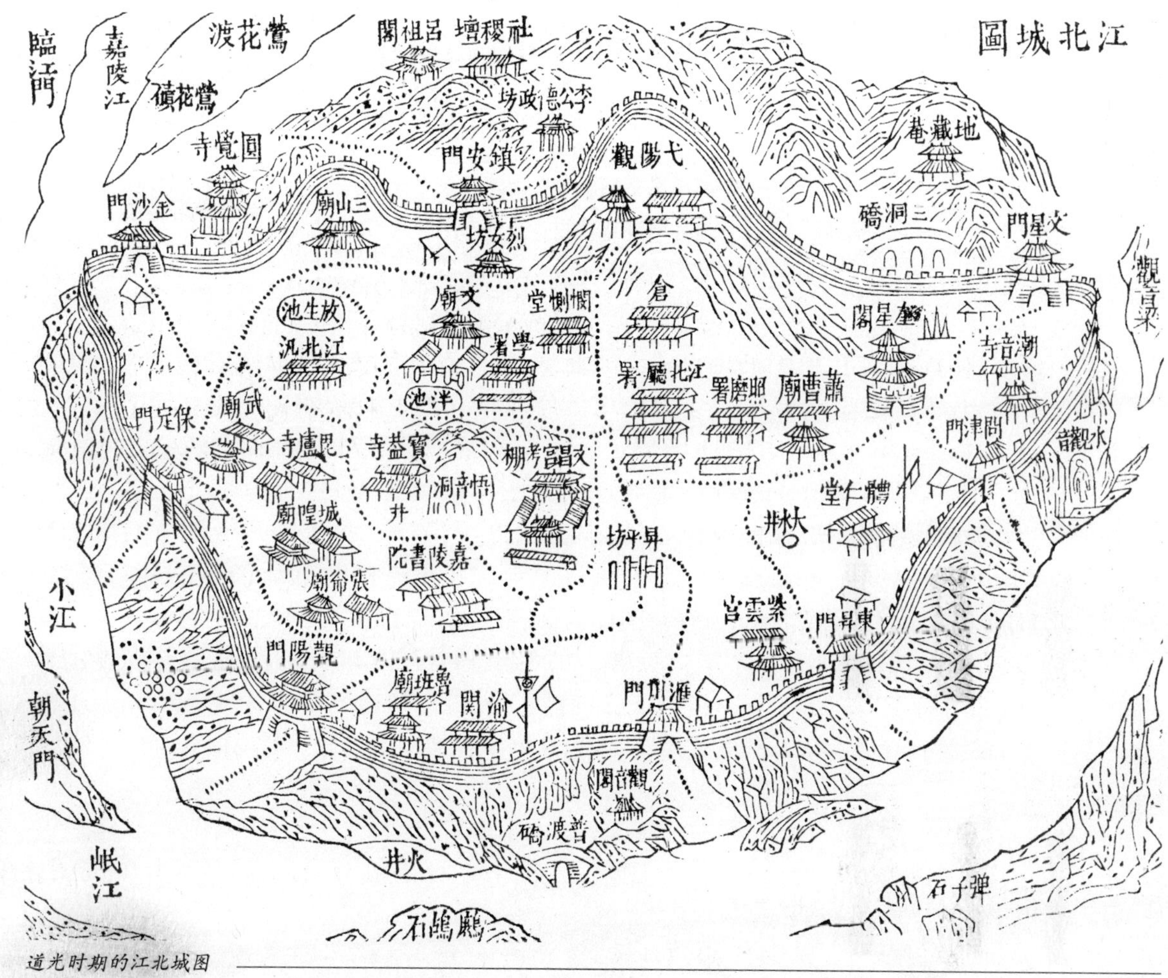


道光时期的江北城图

汉代墓葬、建筑等遗迹，还发现过一枚汉晋时期的金质“偏将军印章”（现为三峡博物馆“十大镇馆之宝”之一），说明这里在汉代确实曾经是居民密集区，但北府城的具体位置尚难确指。

长期以来，江北城都属江州或巴县等管辖，明代置江北镇，仍属巴县辖地，直到清乾隆十九年（1754年）才从巴县分出，置江北厅，属重庆府管辖；1913年改厅为县，先隶于川东道，撤道后隶于四川省；重庆设市后划入市区，1935年复为市属江北区，至今未变。

现在我们所能见到的江北古城门城垣，是清道光年间所建，而此前仅在清嘉庆三年（1798年）筑过一个有四门的土城，更早连城也没有。无论是宋元大战还是明末战乱，也确实未见有攻江北城的记录，可见汉代的北府城在早年间就已毁弃了。据史料记载，道光年间所筑的城，是以石为之，其城垣长五里，开有八门：东边三门，即问津门、东升门和汇川门；南边也是三门，即觐阳门、保定门和金沙门；西边一门，为镇安门；东北角一门，为文星门。需要注意的是，在道光《江北厅志》中，这八个门的方位画得与实际不符，它是以东为南，所以错位90°，若据之描述，就会乱套。

当时人黄勋作有《题渝北新筑八门》诗，诗中把这新修八个门的名字都嵌了进去，还算自然。这里把诗中涉及的门名用短线勾出，以突出显示：

> 朗朗文星照九重，问津那许白云封。
> 镇安永远资神护，保定于今际世雍。
> 沿岸金沙随浪涌，汇川火井衬波浓。
> 觐阳红门东升处，恰对涂山第一峰。

但在晚清和民国的地图上，江北城却不止八个门，西出镇安门城外，还有一个小城，这是清咸丰十年（1860年）新建的，实际上把旧城向西扩展了一块，城门也增至十个门，即增加了永平门和嘉陵门。镇安门成了两城之间的通道，所以出镇安门并未真正出城，而是出了旧城，又进了新城。

江北故城在抗战前夕保存得还很完整，可惜现在与重庆其他地方的城垣城门一样，也仅存遗址，十个门中只有保定门、东升门和问津门这三个门还在，城墙也仅残存四段，虽也残破不堪，但至少也是有迹可寻吧。

据重庆博物馆1987年文物普查时的资料，江北现存三门都是石砌券顶双拱门，城门、城墙均为砂石砌成。问津门在江北街道办事处东北520米，东离长江边约60米，宽1.9米，高3.34米，厚2.9米；城门右侧残存城墙72.7米，

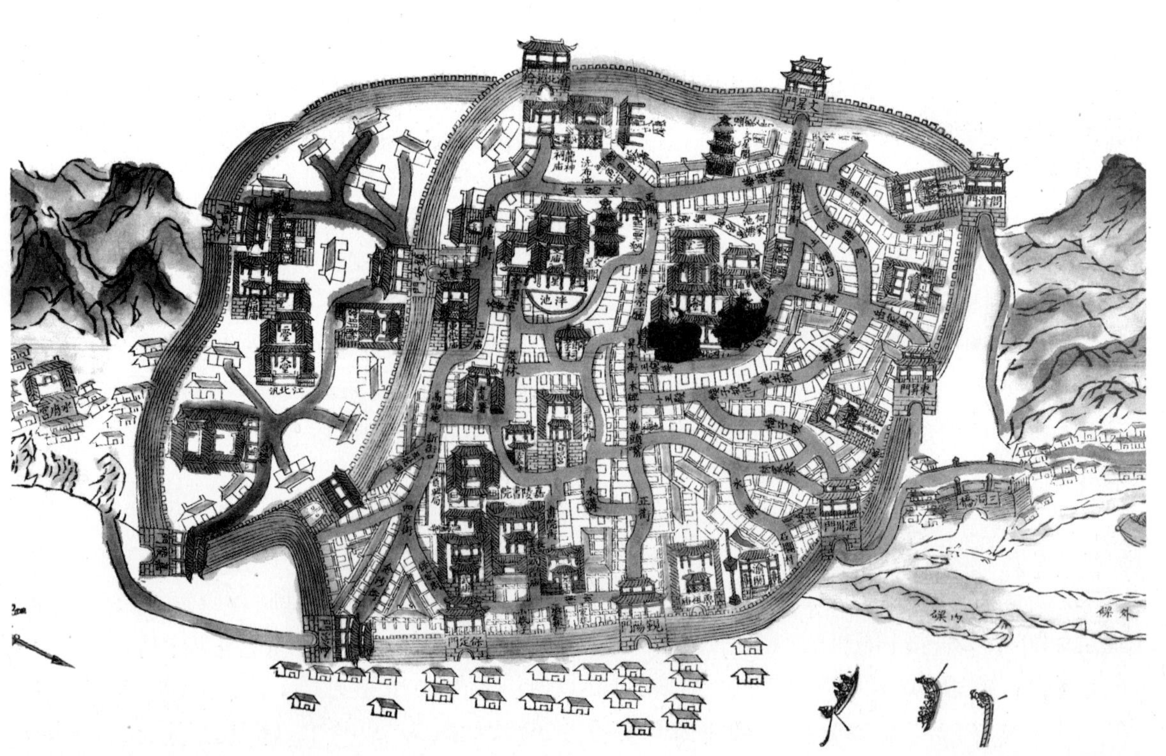

清光绪时期江北城地图

公共机关号码对照表 业在图内注明者除外
（一）治平小学校
（二）市立第五校
（三）电话管理处
（四）江北图书馆
（五）江北达德社
（六）节孝祠
（七）育婴堂
（八）市立第九校
（九）城区区公所
（一〇）城区坊公所
（一一）明心堂
（一二）指导委员会
（一三）前嘉陵书院
（一四）前宝新局
（一五）市立第三校
（一六）宏达小学校
（一七）邮电局
（一八）王爷庙
永平门
三洞桥
文星门
问津门
东升门
嘉陵门
镇安门
保定门
嘉陵江
长江
林
山
中
新
城
民
房
江
北
公
园
文华街
文昌街
小市场
治平女中学
平儿院
体育场
纪念亭
中山
大神庙
文庙
武庙
宝盖寺
红十字会
女学校
县政府
下横街
金沙街
王家巷

民国时期江北城图

金质“偏将军印章”印文

偏将军金印

左侧残存城墙229.2米，城墙高6米。

保定门在江北街道办事处东南480米，南距嘉陵江边200米，宽2.5米，高3.85米，厚3.95米；残存城墙290.7米，高5.8米。

东升门在江北街道办事处东北375米，东距长江边40米，宽4米，高3.8米，厚6.8米；残存城墙54.6米，高5.75米。

1982年3月，在江北城内西北角的洗布塘街江北织布厂基建工地发现了一座长方形竖穴石坑墓，规模很小，约5.4米× 3.5米，虽有棺有椁，但出土器物却很普通，也少得可怜，仅有一只小金碗、两个银锭、一些丝织品等不多的几件随葬品，看样子也就一中户人家而已，因此开始并未引起考古人员的重视。但接下来出土了一件青石质的“玄宫之碑”，着实令考古人员大吃一惊，原来这竟然是元末农民起义领袖之一、后定都重庆的大夏国开国君主明玉珍的“睿

江北保定门遗址

明玉珍墓出土的赤黄缎绣龙袍

陵”！这不仅是重庆范围内发现的唯一一座帝陵，而且是全国范围内发现的唯一一座农民起义领袖的墓葬，其意义十分重大。1983年12月，重庆市将其列为市级文物保护单位，并于1986年建成明玉珍墓陈列室。

明玉珍（1329—1366年），湖北随州梅丘人，出身农民，原姓旻，后因信奉明教而改姓明。元末乱起，他组织了一支地方武装军结寨自保。红巾军起义，他带领人马投靠了徐寿辉部，被封为“统兵征虏大元帅”，屡立战功。元至正十五年（1355年），徐派他到四川筹粮，入四川后，他趁重庆元兵力量空虚，攻占了重庆。在以后的几年里，他以重庆为据点，逐步摧毁了元朝在四川的统治，消灭了其他割据力量，控制了四川。徐寿辉被陈友谅杀害后，明玉珍于至正二十年（1360年）在重庆称王，但仍奉徐寿辉国号；至正二十三年（1363年），始即皇帝位，国号大夏，改元天统。天统四年二月明玉珍驾崩，葬睿陵。明洪武四年（1371年），朱元璋派兵自峡江入川，六月，明玉珍之子明升出城投降，夏亡。明氏据蜀计16年，其中称王2年，称帝9年，传二世。

元末红巾军以弥勒教为号召，作为组织动员起义的工具。弥勒教又称明教，信奉弥勒，教人不杀与淫，主张节俭。明玉珍参加红巾军后也成为虔诚的明教徒，不仅改自己的姓氏为明，而且在建立夏国后令“去释老二教，上奉弥勒”，死后也依明教教义俭约薄葬。这是其陵墓形制卑小，墓中出土物简陋的根本原因。

明玉珍墓出土的金碗

# 合州古城

古合州城在今合川区合阳镇。这里是涪江与嘉陵江的汇合处，叫做“右带涪水，左襟嘉陵”，其地势平坦，土肥水美，出桑蚕牛马，自远古以来就是人类居住之地。最先居住在此地的是古濮人，传说城内原有濮子墓；后来成为巴人的领地，西周初年，巴君受封于此，一说是巴国晚期在这里建别都，人称“巴子城”，《史记·张仪列传》正义引《括地志》说：“巴子城在合州石镜县南五里，故垫江县也。”《方舆胜览》也说是“石照南五里有巴子城，乃武王封其庶处，在涪江南岸铜梁山下”。但其故址至今尚未发现。

秦灭巴后，于此地设垫江县，隶巴郡；南朝宋设东宕渠郡和宕渠县（渠江古名宕渠水，在县北汇入嘉陵江），皆治于此；西魏恭帝三年（556年）改东宕渠郡为合州，以两江合流故，改宕渠县为石镜县；以附近江中有礁名石镜故，隋又改合州为涪州、涪陵郡，皆以江名；宋初又改石镜县为石照县，南宋末年曾因抗击元蒙大军而将州、县治迁入钓鱼城内；明大夏政权时撤石照县，此后至清末，州治所在一直不再设县；民初废州，改名为合川县；解放后曾两度建市，今隶重庆。

合川旧城最初建在涪江南岸今南屏乡一带，何时迁往江北今址，不见于记

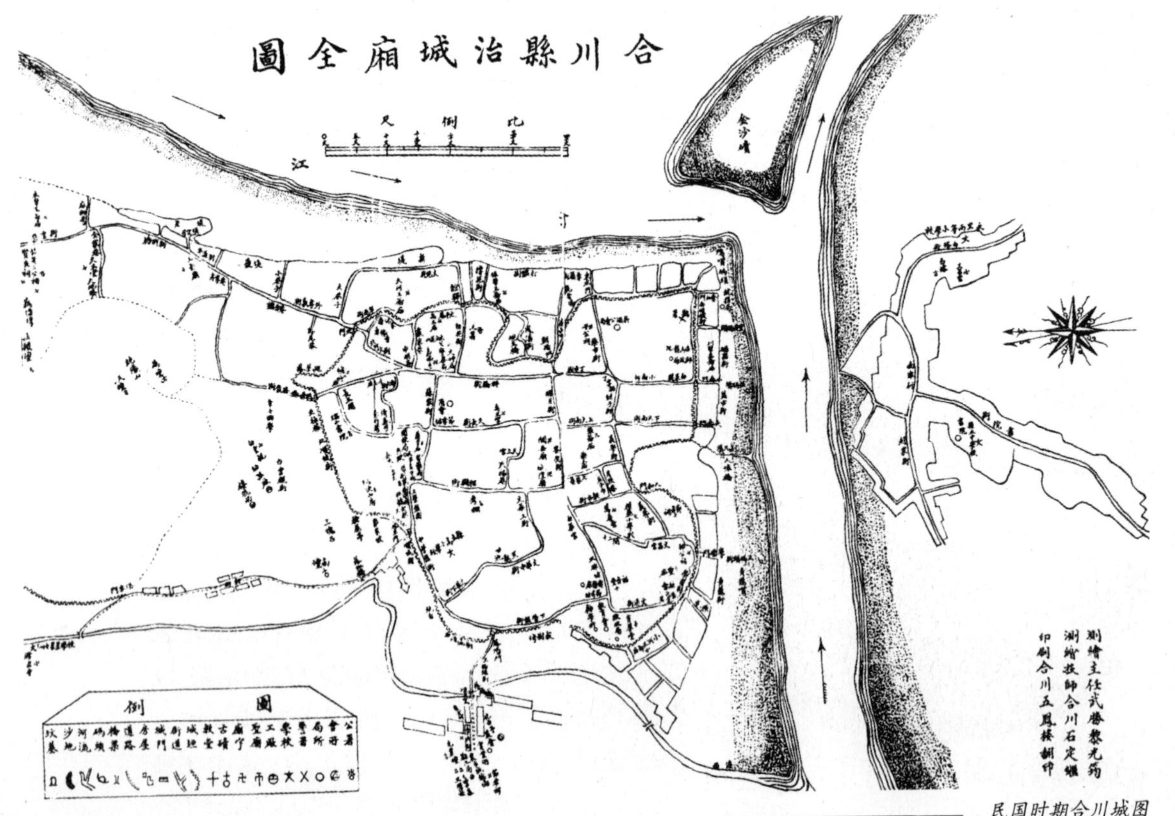


民国时期合川城图

合川明代城墙

载。今所见涪江北岸的合阳城垣最先是在明天顺七年由知州唐恂主持建筑的，以石砌成，周长十六里，高一丈七尺，辟门十一个（不久又增辟两个），每个门上还建有两座高三丈多，有三重檐的角楼。看来这个州城在当时还相当宏伟壮观。之后城门数有变动，到万历时，有望江、迎晖、广济、会江、阜民、文明、落阳、演武、迎恩、小南、瑞应等十一门，清乾隆以后历经多次修缮，其格局都基本未变。原来城墙四角上还各有一个炮台，也有名称，曰新蕙、集乌、转角、抱仙，但建于何时，迄今无考。

现在的合州城垣也是基本毁坏殆尽了，十一门中只剩下一个瑞应门，为双拱弧形顶的石砌券门，门拱高2.45米、宽2.92米、厚5.9米，均用1.3米×0.4米×0.3米的条石砌筑；石砌城墙也仅残存瑞应门附近一段，残长约831.5米、高2～6米、厚1.8～7米。

合川龙洞沱江江心的照镜石——石镜县由此得名

在合川境内，离合川市区西北六十多千米的龙多山南麓，还有一个古城遗址，这就是唐宋时期的赤水县城。据万历《合州志》载："赤水县在州西一百二十里，今为赤水里。"赤水县为隋开皇八年（588年）建，元至元二十年（1283年）并入石照县，此后逐渐废弃。1986年重庆市博物馆在进行文物普查时，对该遗址进行了调查，确认这是唐宋时期的赤水县城遗址，发现了大量唐宋文化层堆积，出土刻有“绍兴”年号的雕龙石柱础和一方南宋石碑，上有“嘉定宝庆间悦斋李先生经行赤水县”等内容，但其地面遗迹早已无存。

龙多山下的赤水古县城遗址

在合川还有一个震惊世界的发现，那就是生活在侏罗纪时期的巨大恐龙“马门溪龙”。马门溪龙于1957年4月发现于合川西部的太和镇古山村，其身长22米，高3.5米，出土时骨骼重1 765千克，推算活着时体重可达45吨。这是我国已发现的最大的蜥脚类恐龙。这么重的体重，不太可能长期生活在陆地上，只能生活在浅水中，靠水的浮力来托起笨重的身躯。其颈子很长，可以从水下伸出呼吸和窥视周围的环境，就像潜望镜一样。合川马门溪龙是马门溪龙属的两个种之一，另一个种发现于四川宜宾马门溪，这也是这个属被命名为马门溪龙的原因。马门溪龙是蜥脚类恐龙的中间过渡类型和早期种属，在侏罗纪末就全部灭绝，因此它是研究恐龙演化和生活的珍贵资料。

合川马门溪龙出土现场

# 铜梁古城与安居古城

铜梁地区很早就有人类居住，1978年曾在西郭乡发掘出一处旧石器时代晚期文化遗址，出土各种石器三百余件及其他遗物，距今2.1万年，被命名为“铜梁文化”。

但铜梁县之置却较晚。唐代长安四年（704年），合州刺史陈镜意以这里侨户集中，人口众多，奏请分石镜县地设铜梁县，治所在今旧县镇。其名取自县境内西北的铜梁山，山梁色黄如铜，故名。开元二十三年（735年），又分铜梁县地置巴川县，治巴川镇；元至元十七年（1280年），巴川与铜梁合并，治在巴川，名仍铜梁；清康熙元年（1662年），省入合州，康熙六十一年（1722年）复置，雍正六年（1728年）将原安居地并入铜梁，以至于今。故今铜梁地实为三县合而为一。

铜梁安居镇下紫云宫

铜梁安居镇大夫第老宅

唐宋时的铜梁和巴川都没有修城，自旧县镇移治巴川镇后也长期没有城墙。明洪武中才修了个土城墙，天顺中始用石砌。成化中，重加修葺，规模渐大，但至明末又因战乱圮毁。清乾隆三十五年（1770年），知县娄星重筑城垣，周长九里三分（约4.5千米），高一丈三尺（约4.3米），有六个门：北门叫青蔼门，东门叫延薰门，南门叫成庆门，西门叫迎恩门，小东门叫流月门，小南门叫望仙门。另外还修了三个水洞门，四个炮台；四个主城门上也修了城楼。但至民国末年，因年久失修和市政发展，仅存东、南二门，城墙也多倾毁；从“文革”到1980年，城门城墙更是拆毁无存，遗迹难寻了。

铜梁安居镇禹王庙

不过，在今铜梁县北20千米琼江与涪江合流处的安居镇，却至今残留着一座古城，这就是明清时期的安居县治古城。历史上叫安居的地方有两个，除这个外，还有一个治所在今遂宁境内的安居坝，北周建德四年（575年）曾在这里置安居郡，隋初改郡为县，到元初废，以其原辖地入安岳（后部分入遂宁）。明成化十七年（1481年），又划遂宁、铜梁二县部分地复置安居县，治原遂宁安居镇（今属铜梁），至清康熙元年（1662年）废置，其地并入合州，雍正六年（1728年），以安居原辖地入铜梁。因此周隋唐宋与明清时期的前后两个安居，名相同地相近，但辖境与治所皆有别。

明清安居古城从其遗址看，东门至西门1 500米，北门至南门1 800米，全城面积约2.7平方千米，但目前仅存南门和东门两座城门，均为券拱，高3.8米、宽3.6米、厚2.5米，都用0.9米×0.25米×0.25米的条石砌成；城墙也只保存了两段，南段仅长3.1米，高2.7米，东城墙残长22.8米，高2.8米，

铜梁安居镇引凤门

安居镇古城门

都用0.8米×0.22米×0.22米的条石砌筑。过去安居镇因水陆交通便利，曾是铜梁第一商埠大镇，繁华一时，至解放后逐渐衰落，且因远离政治经济中心，在近年的“旧城改造”和“开发”中受到的破坏也较小，因此城内古迹保存较完好，主要是清代建筑。如东岳庙、下紫云宫、元天宫、文庙、禹王宫、万寿宫、会龙桥、顺城桥、引凤桥等，保存都较完好。尤其是万寿宫，规模宏大，建筑精美，占地2 064平方米，正殿为悬山式结构，高8.9米，面阔五间，宽24.1米，进深三间，深11.65米，其梁柱枋檐间雕以各种

铜梁安居镇文庙

铜梁安居镇火神庙

铜梁安居镇大南街李家祠堂小戏楼

铜梁安居镇大南街民居雕花门楔

铜梁西郭旧石器时代遗址

铜梁安居镇迎龙门

人物、花卉、器物等纹饰，造型十分生动别致，具有很高的艺术与文物价值。此外，古城外还保存有东汉崖墓群、唐宋波崙寺摩崖造像群、古佛庙、莲花桥、三块桥等古迹，可以供人旅游访古之观。

据说铜梁地图的形状就像一个张口西向的龙头，而铜梁确实也以龙闻名于世，特别是铜梁的龙灯尤为著名。龙灯包括彩灯和舞龙，原本是一种求雨的仪式，后来成为广泛流行于中国民间的一种娱乐形式，常在逢年过节时举行。铜梁龙灯早在唐代就有了，清至民国时达到鼎盛，当时有谚说是“合川的春，铜梁的灯”，每逢上元（正月十五）前的六七日起，四面八方的人就涌入铜梁城内观灯。铜梁的龙灯与其他地方不同，其品种繁多，制作精巧，场面宏大，舞法特别，受到国内外人士的赞赏，曾多次到全国各地和国外表演。尤其是铜梁大蠕龙，体长灵活，藻饰瑰丽，舞时浑身烟火，翻江倒海，有上天入地、扭转乾坤的磅礴气势，是不可多得的民间艺术奇葩，被誉为“中华第一龙”、“中国龙”等，铜梁县也因此被国家文化部命名为“中国民间艺术（龙灯）之乡”。

# 涪州古城

涪州古城位于乌江与长江合流处，在今涪陵市区，其始筑于明宣德年间，初为土城，成化时改为石砌，但城很小，周长仅2公里，也就一寨堡的规模。清康熙时加以整修，辟有五门，曰迎恩、怀德、镇武、朝宗及永安，相当于后来的东门、南门、西门、北门和小东门。咸丰时为防范太平军而大修城池，将旧城加高加宽加固，墙体砌缝甚至用铁水浇铸，坚固异常，城也扩大了约十分之一，又在城墙上安了五座炮台，城门上也修了城楼。同治元年（1862年），石达开围城，州人又修筑了两道“水城”，一道在长江边，一道在乌江边，目的是从江上接应援兵和城内汲水方便；石达开军退后，又在南边和西边陆路城垣外加修了外城。这是涪州城垣建筑史上的鼎盛时期。不过，水城和外城在民国初年就拆毁无存了，但咸丰州城尚有保存，据实测，现存城墙总长1 080米，高5～8米，厚5～7米；城门宽4.5米，高7米，进深12米。

涪州之地最初原为巴国所有，名为枳，据说是因为其民常以枳棘作篱，故

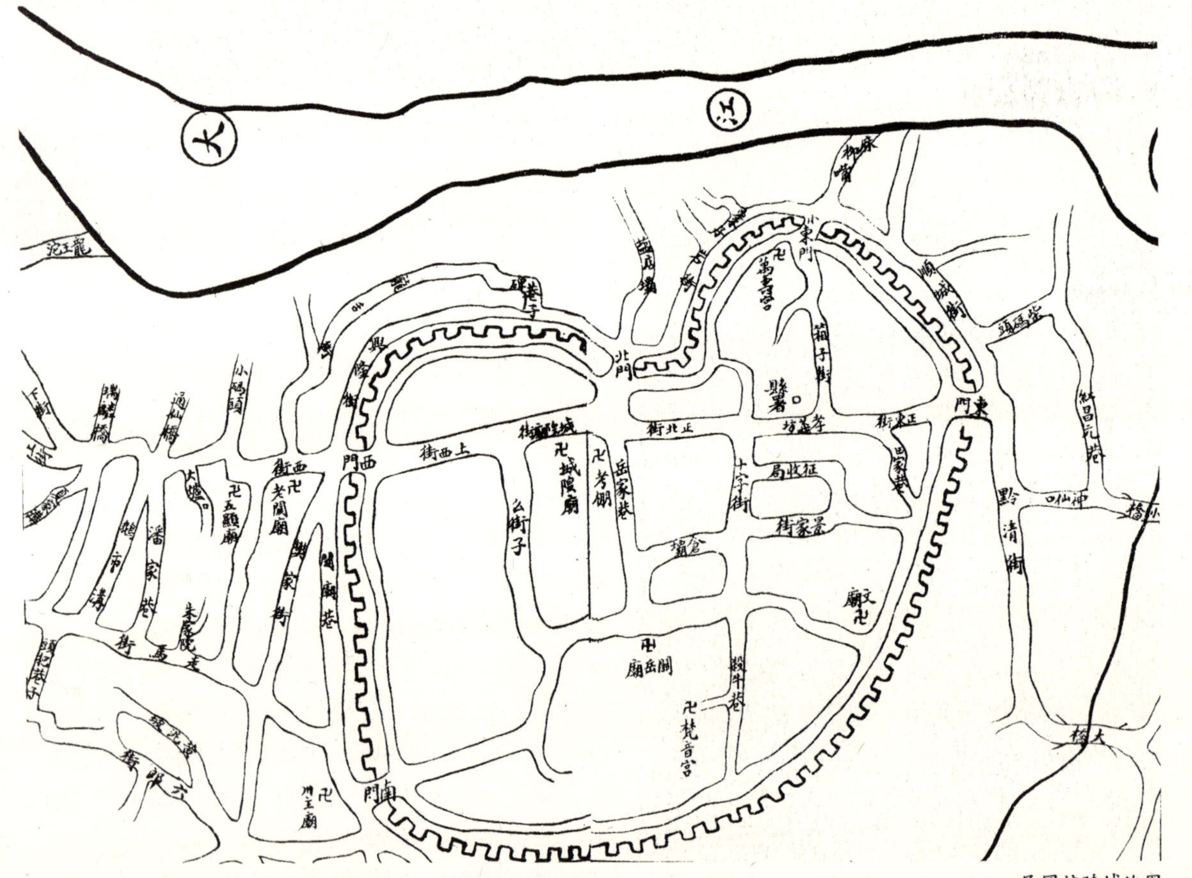


民国涪陵城池图

涪陵蔺市镇文庙

涪陵大顺场李家祠堂雕工精湛，形态多样的柱础

以此为地名。人们曾在这一带发现了不少巴人的居住遗址和墓葬。《华阳国志·巴志》说，巴人“其先王陵墓多在枳”，由此可知这里是巴人宗庙陵墓所在。自1972年起，考古工作者在涪陵小田溪陆续发掘了数十座战国晚期墓葬，出土了大量的铜、玉、陶、石、骨、漆、木、金等各类遗物数百件，包括兵器、礼器、乐器、车马器、日用器皿等，其中的成套错金编钟、虎纽錞于、带铭铜戈等，十分精美，世所罕见，同时还发现有的墓以人殉葬。经考证，这是一处巴国后期的国王陵墓区，证明《华阳国志》的记载的确没错。

但是就在巴国后期，这个巴人

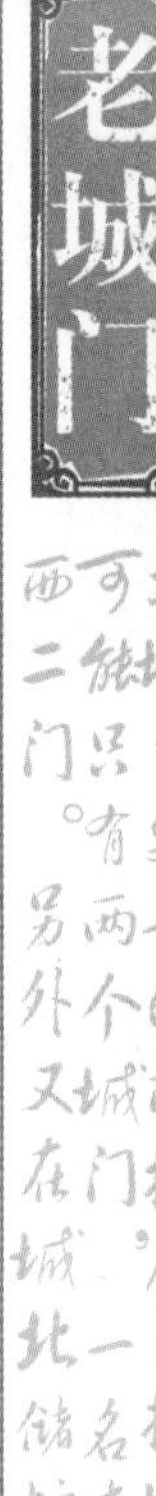


涪陵蔺市镇龙门桥桥身上的石雕龙头

涪陵枳县旧城址

涪陵城墙遗址

涪陵大顺场古碉楼

涪陵蔺市镇龙门桥头的石象

涪陵小田溪出土的古巴人兵器

涪陵小田溪考古发掘现场

先王陵墓所在的地区却一度被楚国占领，其都城也被迫迁至川北。秦灭巴后，秦将司马错又从楚国夺得枳，置枳县；三国刘备置涪陵郡，枳县隶之；西晋末年李雄据蜀时移涪陵县于此，这是此地称涪陵之始。涪陵之名，有人考证说就是因涪水（乌江古称）旁有巴王陵之故，也有人说是“涪”音古与“巴”音同，涪陵就是巴（王）陵。至于谁是谁非，没人能够说得清楚。唐初置涪州，此后虽区划、隶属叠有变动，但涪州之名一直沿用到清末，到民国初年全国废府存县后才弃置不用，而涪陵作为县、地、市名则使用到解放后。

早期的枳县并不在今址，而在乌江东岸，与现在的涪陵市区隔江相望。明宣德年间才在今址重新筑城，并沿用至今。

# 忠州古城

忠州初名临江，是西汉时巴郡下属的一个县。王莽时曾改名为监江，东汉复其旧名；梁武帝时置临江郡，治临江县，西魏末又于郡上置临州，也治临江县，此时州郡县同治一城；隋废郡一级行政机构，行州、县二级制，临江县仍属临州；唐贞观八年（634年），因此地有巴国时蔓子刎首留城的忠义和三国时两个将军——严颜和甘宁的忠勇，所以改临州为忠州；明洪武时省临江县入忠州，民国二年全国废州府置县，改忠州为忠县，一直沿用至今。

据《三国演义》的描写，当年刘备攻取益州，在雒城被阻。诸葛亮派张飞领一万人马为先锋，直取巴郡之地，以援刘备。张飞溯江而上，一路势如破竹，敌人望风投降，很快打到巴郡江州城下。巴郡太守严颜，是益州太守刘璋的手下大将，智勇双全，年纪虽然大了点，但精力旺盛，臂力过人，善开硬弓，使一把大刀，有万夫不当之勇。当初刘璋请刘备入川帮忙抵抗张鲁，严颜就进言说“这无异于引虎自卫”，现在真被他说中了。严颜也素知张飞勇猛，自己兵少，不能与之硬拼，便据住城郭，既不竖降旗，也不出战，单等张飞粮草不济，自动退走。张飞多日搦战，叵耐那严颜就是坚守不出，反在城下被严颜一箭射中头盔，气得大骂：“要是抓住你这老家伙，我非吃了你的肉不可！”无可奈何之间，张飞忽然心生一计。他派出数十军士，扮作打柴人，到山间寻找绕过巴郡的小路。严颜见状，也派人扮作张飞打柴的军士，混入张飞军中，并言：“探得小路一条，可以绕过巴郡城池。”张飞便传令：“二更造饭，三更拔寨，人衔枚（口中衔一根树枝，以防出声），马去铃。我在前面开路，你们随后跟来。”探子回报，严颜大喜，当晚便率军埋伏在树木杂草丛中，遥看得张飞纵马横矛，领着队伍往前面小路上走来，后面隔了三四里地，跟着粮草辎重。严颜看得清楚，一齐擂鼓，伏兵四出，正待抢夺车仗物资，只听背后一声锣响，一彪军杀出，有

忠州古城门

忠县乌杨阙

人大喝一声：“老贼休走，我等得你好苦！”严颜回头一瞧，豹头环眼，燕颌虎须，正是张飞！四下里杀声大作，众军围来，严颜心慌意乱，手足无措，交手不到十合，就被张飞卖个破绽，生擒过来。蜀军见折了主将，纷纷弃械投降。

张飞入巴郡城中，安顿好百姓，坐在厅上，刀斧手将严颜捆得结实，推将上来。严颜站立不跪，张飞喝斥道：“大将到此，你居然敢抗拒于我，还不快快投降！”严颜也大声说道：“这里只有断头将军，没有投降将军！”张飞大怒，叫左右：“推出去斩了！”严颜却说：“要砍就砍，冒啥子火嘛！”张飞见严颜声音雄壮，面不改色，顿

忠县巴王庙

生惺惺相惜之意，于是走下台阶，亲自为严颜松绑，并将自己的衣服为他披上，扶上正中高座，低头便拜，说："刚才言语冒犯，请勿见怪。我素来知道老将军是豪杰之士，只是想试一下你。"严颜见状也十分感动，于是就归顺了张飞。后来刘璋被刘备彻底消灭后，严颜自觉愧悔难当，于是自刎而死。后人有诗赞严颜曰：

白发居西蜀，清名震大邦。
忠心如皎月，浩气卷长江。
宁可断头死，安能屈膝降？
巴州年老将，天下更无双。

严颜据说是今忠县乌杨镇将军村人，就是出土"乌杨阙"这个重庆三峡中国博物馆"十大镇馆之宝"之一的地方，现在这里的人们还自称是严将军的后代，一直守着他们的祖坟。更有一种说法，说是"乌杨阙"就是严颜墓前的墓阙，不过至今还没有确切的证据。

忠州古城位于长江北岸的忠州镇，背依周屏山。自西汉设县以来，除南宋末曾因抗元迁其治于皇华城以外，州、县治都一直在此没有变动。城垣始建于明洪武十四年（1381年），城墙周长1 700余丈，平面呈不规则形状，设有九门；后经历代补筑增修，面积达4.8平方千米。民国以后，城墙渐遭毁坏，尤其在"文革"中，将城墙条石撬作基建，目前仅存东城门和部分城墙。石券城门宽3.25米、高3.3米、厚2.63米。石砌城墙残高3～8米、厚约2米，一段在东门两侧，残长约50米；另一段在城南，残长约100米，上面现在成了人民路的路面。城内尚有丁房石阙、巴王庙、太保祠、龙兴寺、万寿宫等古建筑。该地目前被公布为县级文物保护单位。

忠县龙兴寺

# 万州古城

万州民国钟楼，至今仍是万州的标志性建筑

万州是重庆到三峡的一个水路中继站，过去川江夜航困难，尤其过三峡必须在白天，因此上下重庆的船只多半要在万州停靠一晚；下川东陆路诸州县的货物，也都经万州上下岸；同时，万州是入川水路的必经之道，也是重庆乃至川东的水上门户，军事上具有十分重要的地位。因此，万州也就成了川东除重庆以外最重要的城市，也是四川境内长江边上的一个大码头。

东汉建安二十一年（216年），刘备将朐忍西部的一部分地方划出，另置羊渠县，治所在今长滩镇，这是万州建县之始；不久改羊渠为南浦，迁治所于今万州区长江南岸的翠屏乡；西魏废帝二年（553年）改南浦县为鱼泉县，徒治江北（今万州区环城路，俗称老县城）；北周时于此置万川郡，取蜀地万水皆会于此之意；唐贞观中又改名为万州，明初降州为县，隶夔州。此后万州一名就一直作为县名、专（地）区名、市名、区名，直到1998年改为万州区，属于重庆市辖的地级区。治所则在1950年初迁到沙河镇今址。

万州作为州（郡）、县、专区政权驻地，自公元553年到1950年，计1 397年的时间，一直都在老县城未变。这里最初只有土筑城墙，可能早在北周时期

万州古钟鼓楼

万州城的古建筑

清代万州城图

就有了，但明确见于记载的第一次修城是明成化二十三年（1487年），嘉靖二十三年（1544年）扩修，城垣周长五里，高1.5丈，有会江、会府、会省三门，万历时开始砌以砖石，清乾隆时改建为石城，并将城墙加高，后又改三门名为朝阳、迎薰、瑶琨，并新开了小南、小西二门，嘉庆中又在北城外修建炮台为重城，同治时用了四年的时间对城垣城门、堡坎等进行了大修和改建，这是万州历史上最后一次大规模的治城工程。

1925年7月，万州正式开辟为商埠，大批各色西方人等来到万州，驻万州的四川军阀杨森任商埠筹备处督理，开始对老县城进行大规模改造和扩建，旧有的城墙、城楼和传统建筑被大批拆除，而新的西式建筑则纷纷出现，法、俄、英、美式建筑与中式建筑同城争辉，相映成趣，使万州别具一番特别的风情。

据1986—1987年文物普查资料记载：

1920年的万州万安桥

万州古城址位于长江北岸，依山势而建，占地面积约7平方千米，平面呈椭圆形。现存石构城墙始建于明成化二十三年（1487年），万历年间被洪水冲塌临江城墙，于清代重修石墙，设五门。自嘉庆（1796—1820年）中白莲教兴起时，又在城内建筑一些谯楼、驳台等军事设施，使该城平面呈为不规则的葫芦形。石砌城墙残长约720米、高6米、厚10.6米；平顶式石砌。小东门宽3.45米、高4.4米。

可惜的是，这座有着一千四百多年历史的古老城址，这座既承载着中国传统文化同时又反映了西方近代侵略历史的城市，在三峡水库蓄水前除局部作了搬迁保护外，其余已于2002年被全部拆除平毁，并淹没于库底，永远消失了。

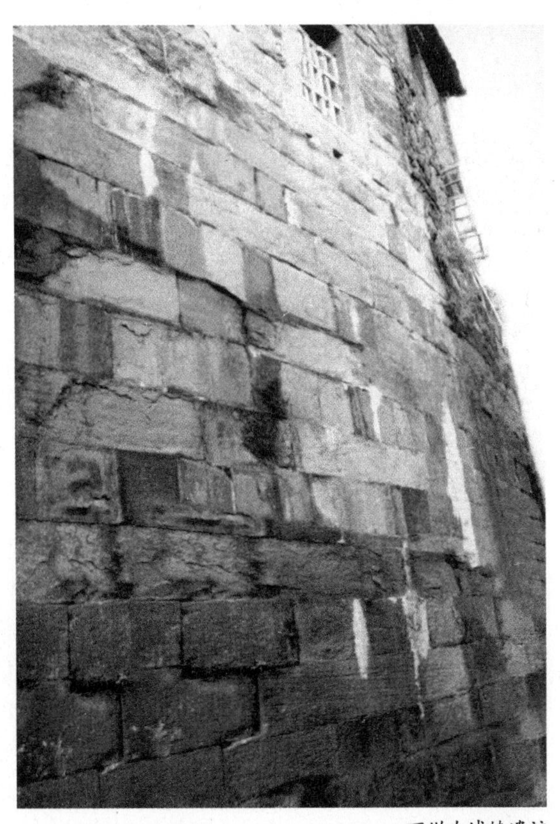

万州古城墙遗迹

# 云阳古城

云阳古城，在今汤溪与长江合流处的云阳镇。商周时属古庸国地。武王伐商，庸国曾作为周的南方盟国，参与了这场灭商之战。直到春秋中期，庸国的力量都相当强大。公元前611年（《左传》文公十六年，周匡王二年）庸人乘楚国闹饥荒，兴兵伐楚，吓得楚人想迁都，后虽与庸战，但七战皆败。不过《左传》记述这件事的时候，说这是楚人的“骄兵之计”，是故意输给庸人，使其放松警惕。但即便如此，也足以证明楚人遇到的是强劲的对手。事实上，楚国后来也是联合了秦国和巴国才打败了庸军，并灭掉了庸国的。

以后这一带就成为巴、楚之地。秦统一后，在这里置朐忍县，其故城在今云阳镇西长江上游约十五千米处的双江镇建民村，叫做“旧县坪”，也称“万户城”。据考古调查，此城始建于秦，面积约0.6平方千米，有众多的房基、汉墓等遗迹，并出土陶、瓦、钱币、铜器等大量汉代遗物。朐忍是汉代人对蛐蟮亦即蚯蚓的俗称，据说这里地势卑湿，雨后日出，地气一蒸，江边沙土中蚯蚓群出，纠结蠕动，以至令人无法下足，而其中又以旧县坪一带为甚，所以就以此名县。

据当地志书记载，朐忍故城原来也有城墙，从其残迹（今已不存）看，比云阳的城墙还厚些。而且这里正当滩、峡之处，地势险要，在军事上具有很重要的意义。但为什么要迁走呢？有几种说法。一说是历经战乱，县治被毁；

云阳大东门

一说是滩险水急，不利船只停靠；还有一说是云阳自古产盐，盐是云阳的“支柱产业”，而又多从汤溪运出，所以朝廷在汤溪口设盐官管理，因迁县治于此，以便控制。我觉得第三种说法更有道理一些。

云阳旧县坪考古工地

迁城的时间，大约在南北朝晚期至初唐。北周时改名云安，元设云阳州，明初降州为县，此后云阳一名沿用至今。其城垣最初只是土筑，明正德时在土墙外包了砖，成了砖城；万历时又改为石砌，周长八里余，高约一丈四尺，有四门：南薰门、朝宗门、咸和门、大壮门。至此云阳城垣基本定型，后虽经多次维修，其基本格局一直未变。据1986—1987年文物普查，城垣平面呈不规则长方形，面积约2.4平方千米。尚存部分城墙和东门、南门。石砌城墙残长1 300米、高7米、厚4米；东、南二门均面向长江，自江边拾阶而上，经三重门洞方能入城中。城门第一、第三重为券顶式，第二重为平顶式。其中南门宽3.2米、高约8米、厚8.3米；东门宽3.6米、高3.9米、厚6.1米，门上还有民国年

旧县坪出土汉代瓦当、陶灯

云阳云安盐场遗址

张桓侯(飞)庙

云阳南城门

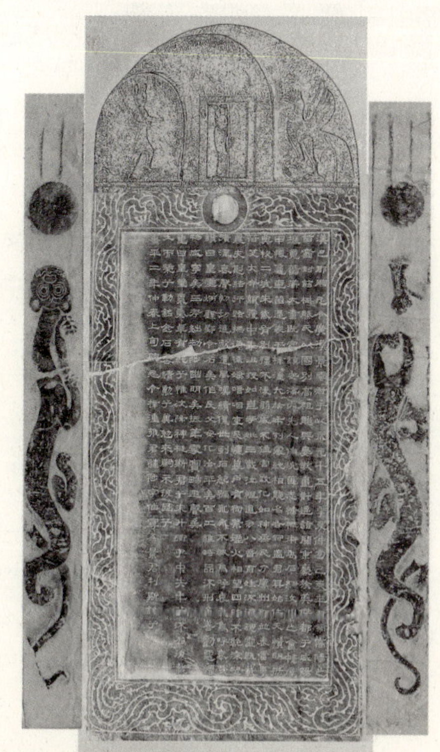

汉朐忍令景云碑

间修筑的门楼。但现在这里已在三峡水库淹没线下，云阳县城再次搬迁到上游澎溪与长江合流的双江镇，将来要想寻一点古城遗迹都不大可能了。

云阳最出名的地方要数张飞庙(正规名称是张桓侯庙)，以祭祀三国大将、桓侯张飞张翼德。蜀汉章武元年(221年)，驻守阆中的张飞为报关羽被擒杀之仇，准备兴兵伐吴，出发前因故督责鞭打部将张达、范疆，被二人趁其酒醉后杀害，将头献给东吴。于是蜀发大兵要伐吴，吴人赶紧讲和，将头送回，蜀人葬其头于朐忍长江边，建庙祭祀；亦葬其身于阆中，也建有祀庙。所以历来有“头在云阳，身在阆中”之说。后世文人名士、墨客骚人，多在此有诗文墨迹遗留，又经历代扩建增修，崇楼丽阁，绿树半掩，遂成一知名的旅游胜地。现因三峡蓄水淹没，已迁址另建他处。

民国时期的云阳城

云阳县云安镇郭家祠堂

云阳旧县坪城墙遗址

云阳县云安镇古箭楼，为清嘉庆年间陕西帮会所建

# 奉节古城

奉节古城位于瞿塘峡口上游不远处，建在长江北岸的半山坡上，头枕高山，前临大江，山川形胜，险阻天设，扼控巴蜀大门，自古有川东锁钥之称。

奉节在西周时为夔子国地，后为巴国地，秦时在此置鱼复县，今所见城垣最早为明代成化十年郡守李晟所筑，原为砖砌，有五门，后经多次修补，清同治年间将南面临长江的城墙和东西两面城墙的南段，以及大东门、小南门、大南门（依斗门）、西门四门改为石砌。其崇墉峻壁，雉堞巍然，矗立江边，蔚为壮观。尤其是依斗门（据杜甫诗“每依北斗望京华”句），气势雄伟，俯视长江，是峡江城门建筑的典型。这段城墙及城门原本保存尚好，据1987年文物普查资料记载：“夔州府城址位于长江北岸，面积约4.5平方千米。平面近圆形，尚存依斗门、开济门及部分城墙。石砌城墙残长300米、高6～7米、厚3～5.1米。在沿江一带，尚存一段女墙，长70米、高0.85米、厚0.4米。石券依斗门宽15.05米、高13.75米、厚14.9米。”但因三峡水库蓄水后将被淹没，所以将其全部拆除后搬到新城异地重建，这也不失为文物保护中的一种没有办法的办法。

这里因山高路远，水流急长，自古贫困封闭，因此与外界的交往一直不多，

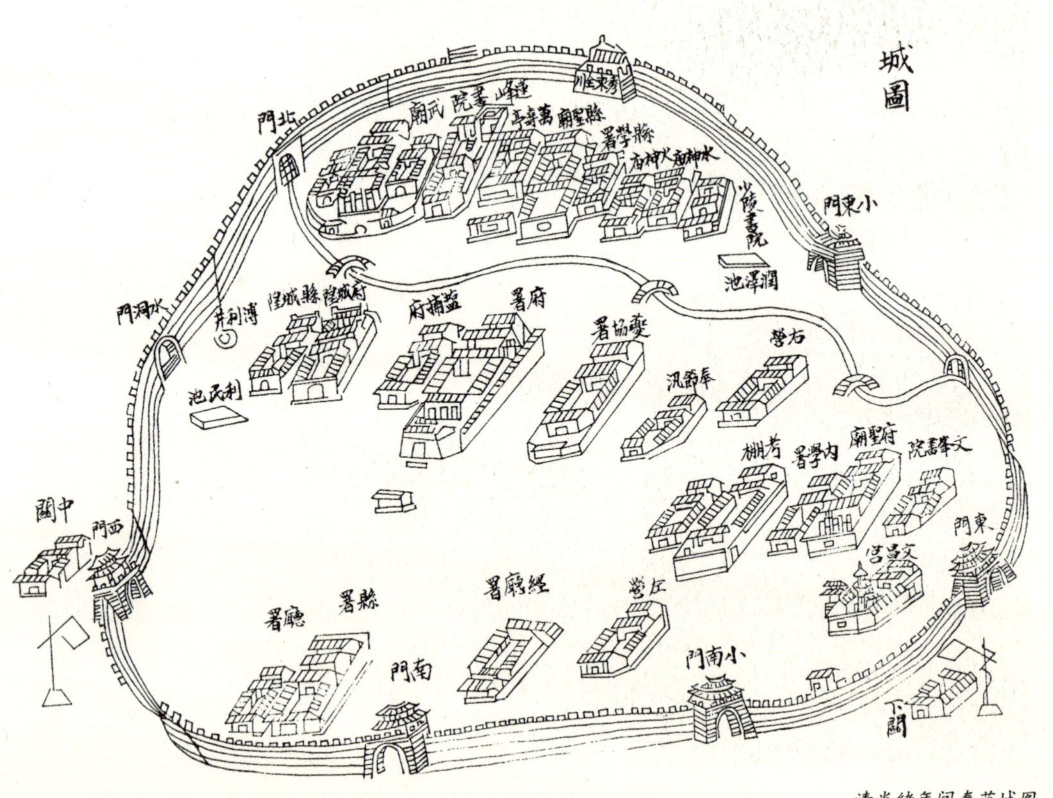


清光绪年间奉节城图

夔州府城旧貌

奉节开济门

奉节古城墙

保持了较为原始古朴的民风民俗。这里居住的多是巴国后裔，一直保留着巴人喜爱歌舞的传统。战国时，巴人的歌舞在楚地也非常流行，一个人唱起“下里巴人”之歌，周围跟着唱的竟有数千人，颇像现代的流行金曲。到唐代时，大诗人刘禹锡谪守夔州，曾仿本地“竹枝”(民歌)作过十多首《竹枝词》；白居易作忠州刺史时也对“竹枝”多有描写，其声婉转凄清，哀怨动人，有白居易的两首诗为证：

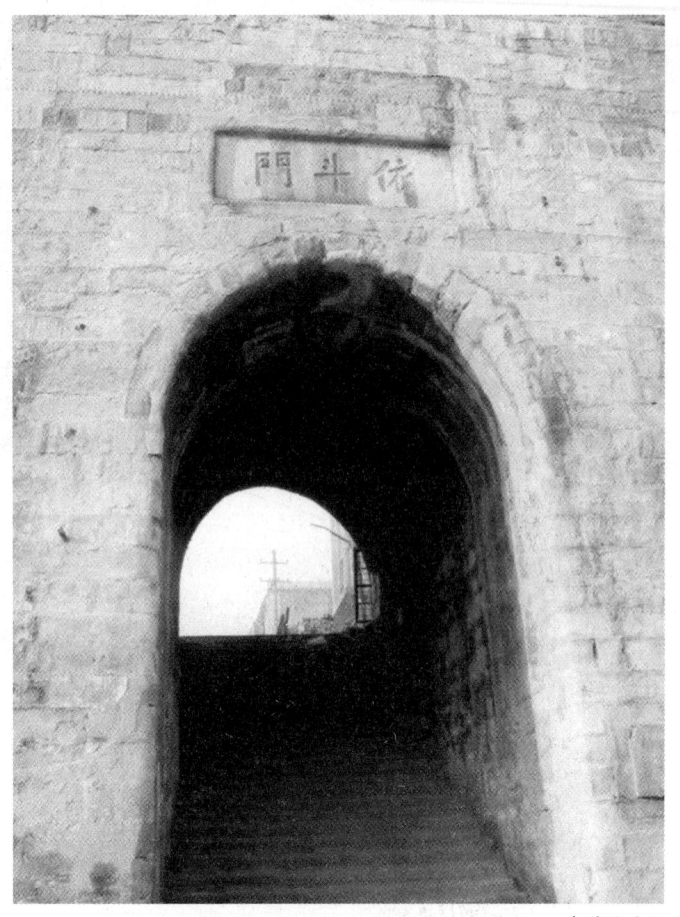


奉节依斗门

一

瞿塘峡口水烟低，白帝城头月向西。
唱到竹枝声咽处，寒猿暗鸟一时啼。

二

竹枝苦怨怨何人，夜静山空歇又闻。
蛮儿巴女齐声唱，愁杀江南病使君。

“竹枝”在唐宋时是当地非常流行的民间歌舞曲调，其形式为边舞边唱，相互对歌，并带有比赛性质，唱时以短笛和击鼓伴奏。这让人联想起至今流行于南方一些少数民族中的男女对歌。还有一种形式，由一人领唱，每唱一句，众人则在句中和句尾和一声“竹枝”、“女儿”，颇似现在四川民间“打连箫”时的唱法：一人领唱，众人和以“柳连柳”、“红花闹海棠”。两者之间或者有一些渊源关系，也未可知。

奉节竹园镇上圆门

奉节竹园镇下圆门

# 巫山古城与大昌古城

人类很早就在巫山地区繁衍生息。1985年，考古工作者在巫山县庙宇镇龙坪村四周约200米的龙骨坡上的石灰岩洞穴内，出土了大量的早更新世哺乳动物化石，并发现了一段远古人类的带两枚牙齿的左侧下颌骨和三枚牙齿化石，据测定，其年代为距今约200万年，这是我国境内所发现最早的人类化石，被命名为“巫山人”。20世纪20年代中期，一支美国考古探险队又在瞿塘峡东口南岸大溪入长江西边的台地上(今属巫山县大溪镇大溪村)，发现了一处新石器时代的遗址，从1959年到2002年经多次发掘，发现大量重要的材料，被命名为“大溪文化”，2001年又被评为“20世纪中国100大考古发现”之一。

巫山之得名，传说为上古有巫咸为唐尧巫医，死后封于此山，故曰巫山。此处在战国时为楚国所有，置巫郡，秦昭襄王三十年（前277年），秦蜀守张若伐楚，取巫郡，并改郡为县，这是此地建县之始。至隋开皇三年（583年），改巫县为巫山县，一直沿用至今。

巫山县地处长江三峡的瞿塘峡与巫峡之间，长江北岸大宁河入口之西，境内重山叠嶂，峡深滩陡，县城依山峙险，三面深谷，一面临江，城垣完全建在山崖上，军事上易守难攻，被看做是全蜀咽喉，夔门锁钥。当年朱元璋手下大将廖永忠入蜀攻明夏，明升不守巫山而守扞关，廖永忠攻瞿塘不下，便从巫山大溪口绕深山小路，出其不意直取夔州，兵至铜锣峡，明升出降，明夏灭亡。明末张献忠入蜀，明四川巡抚陈士奇以兵少饷缺，尽撤巫、夔守军，以至张献忠如入无人之境，铜锣关也挡他不住，重庆城很快陷落。所以不要小看这弹丸之地，它可是关系全川的命门所在。

巫山古城是库区内经过正式发掘的城墙遗址之一。中国社会科学院考古研究所从1984年到2003年共进行了两次试掘、一次调查、三次正式发掘，基本搞清了巫山古城的结构、范围、城墙年代、城门位置及城内布局，发现城墙最

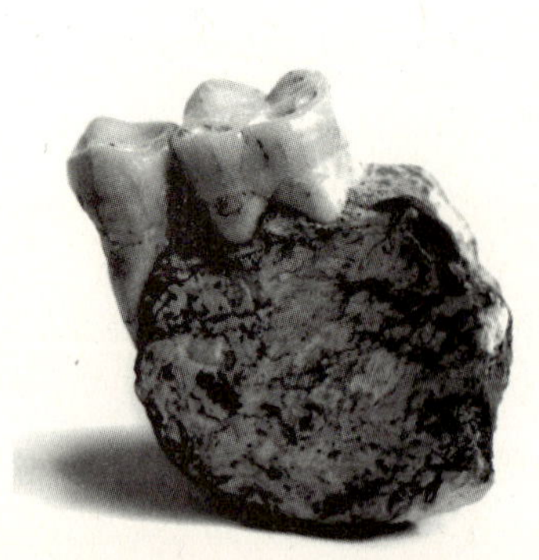

出土于巫山龙骨坡的距今200万年前的巫山人下颚骨化石

巫山大溪遗址

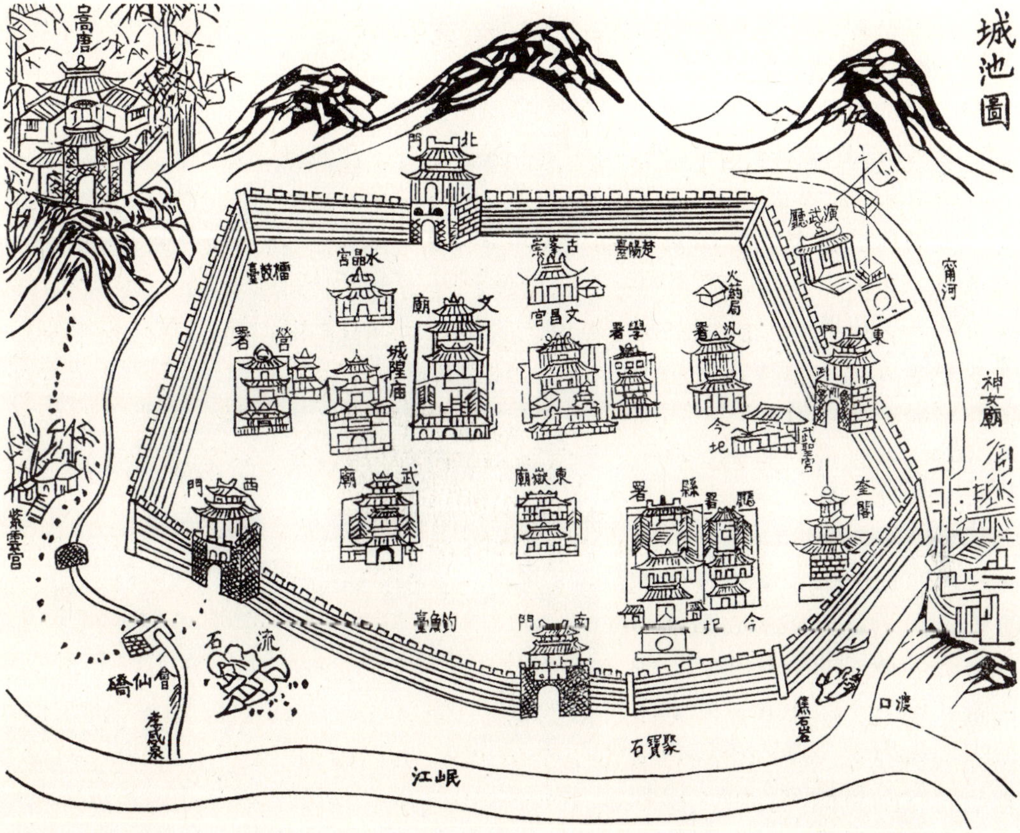

光绪年间巫山城图

早修建时间不晚于汉代，后因水患废弃，至宋元时经修补形成第二期城墙，明以后则为第三期城墙并遗存至今。

从史籍记载来看，也可以证明巫山至少在晋代就已有了城垣，郦道元《水经注·江水》“江水又东迳巫县故城南，县故楚之巫郡也。……城缘山为墉，周十二里一百一十步，东西北三面皆带傍深谷，南临大江”，称为“巫子城”，这在当时可以算得上是较大的城池(重庆当时才周十六里)。明正德二年(1507年)重修城墙，以石为之，辟有四门，分别名为丛秀、巫山、会仙、阳台；万历初再次重修，为防火灾，改四门之名以镇之，东门叫永清，南门叫临江，西门叫广济，北门叫镇源，末一字都带三点水。明末战乱，城毁于兵，清乾隆中又一次重修，有石砌有砖封，再改四门名，东曰太清，南曰平江，西曰盛源，北曰世润，也都带水。最后一次大规模维修在光绪年间，此后逐渐废毁，其过程大约如次：1939年，日机炸毁东城墙一处，1945年，拆南城墙1处建石梯；1946年，拆东城门修街道；1948年，拆北门及附近城墙修碉堡；1952年，拆西城门；1953年，大雨裂南城墙二丈余；1959年，拆翠屏街城墙铺石梯；1960年，拆集仙街中段城墙修石梯。文革后，城墙城门遗迹逐渐得到保护，1980年加固了圣泉街下梯子城墙墙身；1985年整修西门城墙27米。目前尚存石砌南城墙残长700米、高5米、厚1.5米；东城墙残长600米、高5米、厚1.5米。原四门残存南门，即

平江门，石券城门宽4.36米、高4.3米、厚8米。此门现为县级文物保护单位，因属三峡水库淹没区，已作搬迁保护处理。

巫山山川秀美，人文荟萃，风景名胜众多，最出名的是巫峡。历史上关于巫峡的传说和诗文不可胜数，其中又以神女峰的传说最脍炙人口。神女峰是巫山十二峰之一，关于神女的传说有多种版本，最香艳的出自战国楚人宋玉的《高唐赋》和《神女赋》，这是一个向楚国两代国君自动投怀送抱的绝色女子；最伟大的则说神女是王母娘娘的女儿瑶姬，因背着其母与十二姐妹共助大禹治水，化为十二峰。不过我最喜欢的传说是最感人的，说神女原本一农家女，丈夫东去谋生，于是天天站在高山顶上等待丈夫归来，日久化为石。这个传说中的神女只是个普通人家姑娘，论身份地位自然比不上那两个神仙，但感情真挚，催人泪下，比那两个版本的故事更能打动人心。我这里不揣谫陋，仿神女丈夫的口气，写一首远在他乡的人思念妻子的《秋夜思》，以体现二人感情之深切：

巫山镇南门

风萧索，雨霖零，
一夜檐声滴到明。
梦回三更恼乍醒，
恰待见，伊人影：
一样的妆梳，
一样的娉婷。
仿佛是，没瞧清。

几番诉，两地情，
难了巫山一段云。
拥衾坐待残灯尽，
怎挨得，到天明！
悔不的别离，
悔不的远行。
说与侬，一片心。

20世纪30年代的巫山县城

大昌古城墙遗迹

在巫山境内，还有一处重要的城址，即大昌古城。大昌县是在晋初由巫县分出去的，原名泰昌，北周因避文帝宇文泰讳，改名建昌，不久又改为大昌，此后几经省并复置，最后于康熙九年（1670年）并入巫山县。

大昌城址在今大宁河边的大昌镇，始筑于明成化七年（1471年），初为土城，城周只有一里大小；后经陆续增修，有三道门：分别叫朝阳、永

巫山宋代城墙遗址

大昌古镇南门

巫山大昌南城门，又称临济门

大昌西城门

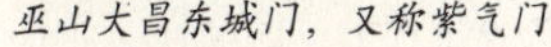
巫山大昌东城门，又称紫气门

巫山大昌古镇街景

丰、通济。明末废圮，清初又重筑土城，嘉庆九年（1804年）为防范白莲教，又修筑土堡三百丈，建两座炮台，开东南二门。道光初，修筑三门：东曰紫气，西曰通远，南曰临济。但此后城墙多被水淹人毁，倾圮大半，唯城内保存有大批清代传统民居建筑，典型如温家大院、关帝庙等，具有很高的文物价值。据1987年文物普查资料记载，“今明代夯土城墙多毁，残见2米许的墙基。城占地4.2万平方米，城墙已毁。清代紫气、通远、临济三门尚存。城门拱形，以条石砌成，高3.50米、宽3米、厚2.60米。城内清代街道民居多完整保存，东西街长281米、南北街长152米，青石垫路；民居建筑正面多木板壁，盒砖封火山墙相隔，墙脊为龙头状，多硬山顶。多穿斗式梁架，少抬梁式。建筑雕刻精美，部分存驼峰、角背，窗棂式样繁多，整个民居群青砖黛瓦，白墙飞檐，古朴幽静，独具风姿，为典型的地方特色民居。属原四川省历史文化名镇。”现因该地处于三峡水库蓄水水位线下，大昌古城门与该镇清代民居建筑一起，已被整体搬迁保护。

朝云暮雨神女峰

# 巫溪古城

巫溪所在之地，可考的最古时期，原属庸国之地，后归巴，再入楚，秦汉时属巫县；建安十五年（201年），刘备分巫县北部置北井县，治今巫溪县城，这是建县之始。至北周时又省并入大昌（今巫山）县。在这一带的崇山峻岭中有咸泉盐井，出产盐卤，人们用竹管（也称为笕）引卤至盐灶，熬煮成盐，获利颇丰，至今在大宁河沿岸的峭壁上，还能看到许多当年用以架设笕筒的栈道石孔，并且在宁厂镇张家涧后溪河北岸原龙君庙旁，还保存有宋代盐泉卤孔遗迹。北宋初年，官府在今县北一个叫“门洞”的地方设置了专收盐课的大宁监，其遗址在今前河乡政府处，因溪中有巨石数十，参差排列，犹如石门，故名门洞。这里沿河一带过去曾散见大量用作墙基的条石，1958年县人民银行为修建金库将其运走，当地居民也曾用之作为房屋基础。

大宁盐监设置不久就将其权力扩大，改为地方行政机构，并移监治于今城；元改监为州，明初废州置县，至民国三年6月，改大宁县为巫溪县，沿袭

清光绪年间大宁(巫溪)城图

巫溪古城门

巫溪古城墙

至今。

巫溪境内山高箐深，交通困难，败兵残匪，常常窜入，因此城墙的修筑自来受到重视。大宁古城，据记载为明正德初始修，周长仅三里，高只一丈，有四门：东门叫阳和门，西门叫安平门，南门叫康靖门，北门叫振武门；另在东南角上开有水洞门一道，主要是方便城中取水。

明末战乱，城垣圮毁。清乾隆间，朝廷下令各地修筑城墙，并按例要民间捐款。但这里地荒民困，元气未复，经知县力陈，破例由上级拨款修筑。经过四年筑成，城墙长三里九分，门楼、水洞也都基本恢复了明代城垣旧制。

大宁县三面环水，又属于川东暴雨中心，山洪、滑坡、涝积之灾频发，城垣也因此经常冲溃塌毁，故屡有补葺之事。清光绪二十二年至二十三年（1896—1897年），这一带发生饥荒，知县熊登第招饥民修城，用条石将北门至东门以及南门的城墙修建起来，同时还维修了护城河堤。此举既救济了灾民，又完成了筑城工程，一举两得。这段城墙长280余丈，高1.8丈，至今保存基本完好，被列为县级文物保护单位。

1990年4月，有人在徐家乡肖家坡村一个名叫“龙洞”的石洞壁上发现一首落款为“张献忠　明崇祯八年”的诗：“此洞神秘天下无，风光绝密最突出。千孔万穴知多少，胜过天门八阵图。”字为隶书，阴刻。但其真实性值得怀疑。第一，张献忠虽于崇祯七年（1634年）春自楚入蜀，二月陷夔州、大宁、大昌等地，但由于受到秦良玉的阻击，很快便退出川境，并于第二年初在河南参与荥阳之会，会后又转战长江中下游及陕南地区，直到崇祯十三年（1640年）才再度由此入川，因此不可能在崇祯八年进这个洞中写此诗。第二，张献忠在崇祯三年就打起反明旗号，长期与明王朝为敌，崇祯七八年正是与明朝官军战斗犹酣之时，不太可能奉“大明正朔”而落款“明崇祯”三字，即使那时农民军未建政权没有年号，也应写干支纪年，比如“岁在乙亥”之类，因此这样的写法不符合张献忠当时的身份与心理。第三，古人落款特讲“名讳”和官职，一般不会只简单落上自己的姓名，尤其像张献忠这样有强烈领袖欲的人物，定会把自己的什么“八大王”、“闯将”之类的自封头衔写上，才符合他的个性。第四，张献忠有手书“七杀碑”，行书，文曰：“天生万物以养人，人无一物以报天。杀杀杀杀杀杀杀！”三百多年来都立于成都少城公园（今人民公园）内，解放初才被砸毁，上代人很多都见过，其钢叉大字，挟风带雷，非常符合这位草莽英雄的性格，并且这还是在建立政权后写的；而在戎马倥偬的战争期间，哪会有闲心写出如洞中这种中规中矩的隶书字体？

大宁河峭壁上古代用于架设盐卤笕筒的栈道孔

南宋始凿的大宁自流盐泉“龙池”(摄于1930年初)

大宁盐泉现状(摄于2000年)

第五，张献忠没什么文化，处处表现出其老粗本色。例如他过梓潼时，梦见当地的文昌帝君（传说名张亚子，晋时人）警告他勿滥杀县民，于是他让人写祭文，写来不满意就把作者给杀了，最后还是他自己口授《祭梓潼神文》一篇，全文为：“咱老子姓张，尔也姓张，为甚吓咱老子？咱与尔联了宗罢。尚飨！”作这种“文章”的人，能写出洞中虽还通俗，却非粗俗的诗句来吗？因此想来多半是后人托名伪作。当然最终如何，还应实地考察后方可作出结论。

光绪年间《大宁县志》盐场图

# 黔江古城

黔江在重庆东南与湖北恩施交界处，地处僻远，为汉族与少数民族杂居地。早期这里并无城邑，在巴国最盛时，这里是巴国的南界，后被楚国占领。秦统一后置黔中郡，汉初改武陵郡，黔江都在其管辖范围内。汉武帝时，在彭水县郁山镇置涪陵县，辖今黔江区，东汉建安六年（201 年）刘璋从涪陵县中分出丹兴县，治今黔江县，这是此地建县之始。当时丹兴县还作过一段时间的涪陵郡治，不过这里到底山高水险，土地贫瘠，所以入晋以后不久即撤县，郡治也迁走了。

当初之所以在这里置县，与此地产丹砂有关，其名“丹兴”，就是证明，史籍也多有记载。但今黔江县境内并不产丹，而临近的酉阳、秀山及贵州北部，都是丹矿产区。其原因在汉时地僻人少，一县所辖比现在大多了，所以包括了矿区在内。丹砂又叫朱砂，其实就是汞矿，其化学成分是硫化汞，其色殷红，可以研磨成粉，用于写字和妇女化妆，或作为中药材，有镇静、安神和去腐收

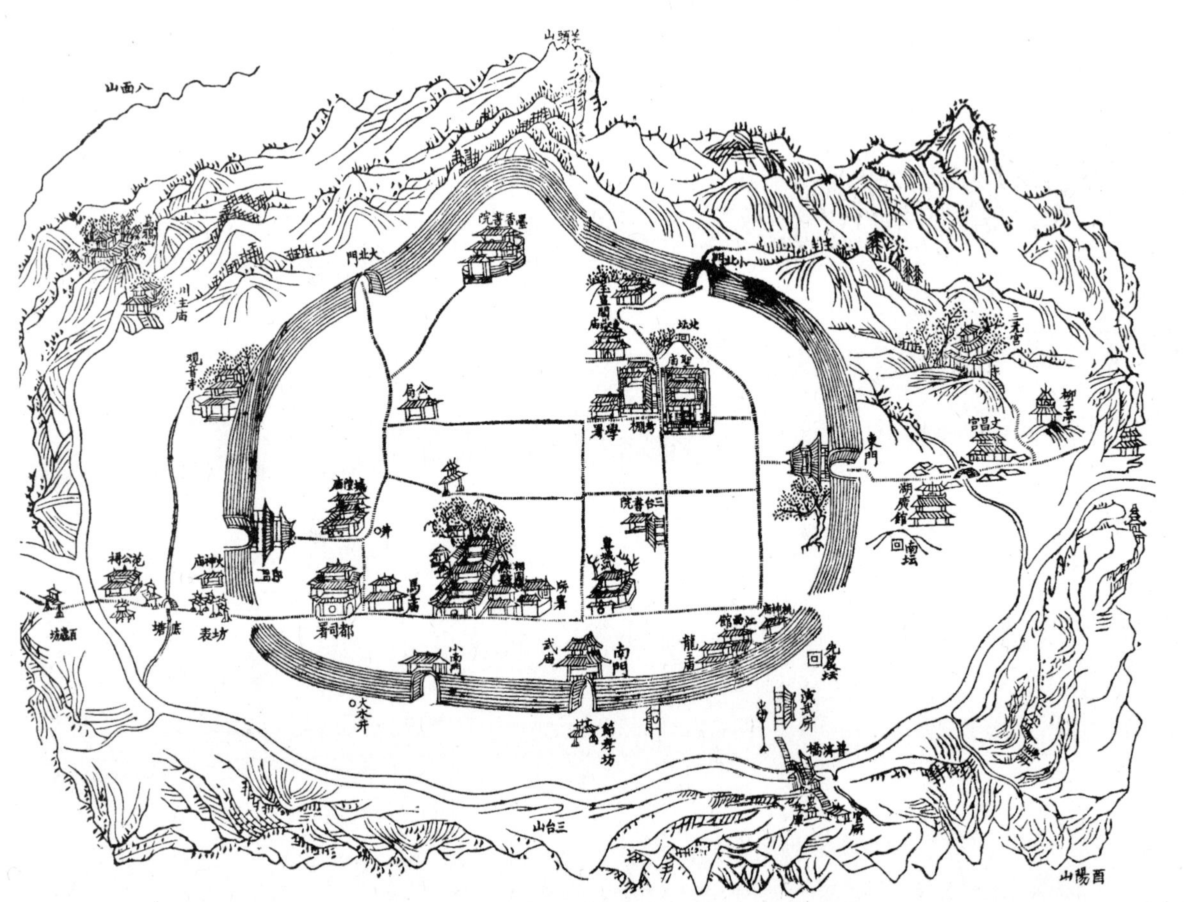


光绪年间黔江城老地图

*黔江北门明代城墙遗迹*

敛的作用，道家也用它作原料来“炼丹”。秦时，巴地有个名叫清的寡妇，就以开采丹矿致富，其财可敌国，秦始皇还为之作“怀清台”。我想秦始皇的本意是因梦想成仙，指望巴清能给他带来好的仙丹原料，所以筑台以待。而后人以巴清为寡妇，自古“寡妇门前是非多”，于是好事者们就有了无限遐思的空间，非要弄出一段秦始皇和风流寡妇的绯闻来不可。

西晋末年，蜀地战乱，汉族政权力不逮此，故这里郡、县都不存。至隋时又置石城县，天宝元年（724年）改石城县为黔江县，其名沿用至今，现在为黔江土家族苗族自治县。

据《华阳国志》说，这一带“土地山险水滩，人多戆勇，多獽、蜑之民。县邑阿党，斗讼必死。无蚕桑，少文学，惟出茶、丹、漆、蜜、蜡。汉时赤甲军常取其民”。其民风勇蛮，教化难及，加上豪族势大，时有反侧，所以在这里修建城墙应是很有必要的。黔江古城墙的修建，明以前的不可考，有记载的最早为明洪武年间砌的石城，其规模不大，高一丈二尺，长三里五分，有四道城门，叫镇夷、望京、宣化、柔远，从这些名字看，也可知其作用不在抵抗外来进攻，而在防御本地反叛。

自此以后，黔江城墙在此基础上历有修葺，但因此地并非军事重地，人口又不多，所以不太受重视，不仅城池卑小，墙不坚固，维修也不力，自嘉庆初作过简单补修，以后就再没有作过值得一提的维修。所以至清末已经残圮，时至今日，更是遗迹难寻了。

不过，在黔江县坝乡窑坪村的山间坝子上，近年发现一个城址，当地人叫城圹关、老鹰关。据调查，城址平面近三角形，南北长200米、东西宽80米，面积约8 000平方米，残存石砌城墙长27米、高3～4米、厚2～2.5米，城门也仅存北门的50级踏道。有人认为这是隋代庸州城址。《隋书·地理志》巴东

老鹰关古城址

郡石城条下注云："开皇初置庸州，大业初废。"但是否这里就是庸州州治，因其面积太过狭小，使人生疑，其名又叫什么什么关，或者仅为一关城，也未可得知。关于这个问题，还有必要再说几句。到网上查了一下，共搜到28篇文章中引用的关于黔江曾为庸州治和巴东郡属县的史料，一律都是这样引的：《隋志》"巴东郡统县十四，北极巫山、秭归，南至石城、务川最。石城县广矣。"这完全是照抄清光绪二十年《黔江县志·沿革》中的一段话，但不仅文字有错（什么"务川最"，不通之至，居然没人去改正），而且理解有误。查《黔江县志》原文应为："《隋志》巴东郡统县十四，北极巫山 、秭归，南石城、务川，则石城县广矣。"这里所引《隋志》（即《隋书·地理志》的简称），仅"巴东郡统县十四"七字为原文，其余都是《黔江县志》作者的归纳之辞。《隋志》原文为："巴东郡，统县十四，户二万一千三百七十。人复、云安、南浦、梁山、大昌、巫山、秭归、巴东、新浦、盛山、临江、武宁、石城、务川。"从兹可见，多少人不查原文，辗转相引，以讹传讹，其谬误流传，以至于此，学风之浮躁甚矣哉！

# 星罗棋布的古寨城堡

这里所说古寨城堡，主要是指宋明清以来修筑的、具有军事性质的寨堡建筑。四川地区修筑的这些寨城，从时间上看主要有两个时期，一是南宋末年元蒙大军入侵四川时，时任四川制置使的余玠接受播州冉琎、冉璞兄弟的建议，在要隘之处大筑城堡，利用深沟高墙，阻挡善于平原作战的蒙古铁骑。第二是清嘉庆和同治时期，先为抗白莲教，后为防范李蓝和石达开，各地纷纷结寨自保，许多已被废弃的城寨被重新补葺，还新修了大量寨堡，粗略估计全川不少于几千座。目前我们所看到的，也多是这一时期留存下来的。

从空间上看，明清乃至民国时期的寨堡数量很多，也很密集，遍布整个四川地区；而宋末在四川所筑的抗蒙城堡（包括余玠及其后继者所筑）总共不到四十座，主要分布在川东和川南地区（川西很少），其地势多为山水相依的关口要道，形势险要，其战略思想是想让各城寨之间成线连片，互相呼应，形成一个有机的防御体系。学者们常称之为“山城防御体系”。从历史实践看，这一招似乎确实有效，蜀地军民据此支持近四十年之久，将纵横欧亚大陆的元蒙军队长期阻滞在川东一带难以前进，甚至连蒙哥大汗也折鞭钓鱼城。但我们经仔细考察后认为，这其实带有相当的偶然性，而非历史的必然。看官，您莫着急，且听我简单道来：

首先，这些城寨数量不多，却分布在川东、川南广大地区，互相之间既不连属，也无法呼应，甚至通讯都很难，基本上是各自为战，孤军自保，少见各城寨之间有军事和经济方面的相互支持帮助之例，多数也就是心理上的声援罢了。实际所起的作用，主要是分散敌军兵力，相互减轻压力和延缓敌人进攻速度而已。

其次，这些城寨虽然都建在险峻之处，易守难攻，但也多是城小地狭，兵少粮缺，只能拒敌于一时，不能坚持长久；只能防小股敌人，不能对抗大军。敌人即使围而不攻，时间一久，粮断援绝，也只有城破一途。例如1258年蒙哥率军入蜀，一路斩关夺隘，攻城略地，无人能挡。除钓鱼城外，兵锋所至，各地城寨如云顶城、苦竹隘、鹅顶堡、大获城、运山城、青居城、大良城等十多个山城在两个多月中不是望风投降，就是玉石俱焚，多年经营的“山城防御体系”并没有发挥什么重大作用。这一点在后面我们讲到各城寨历史时表现得很清楚。倒是清至民国大修寨堡，供当地军民结寨自保之用，以防乱兵盗匪，才真正是发挥了应有的效用。

最后，为什么余玠这一招却能阻遏蒙古兵锋达四十年之久呢？这就是我们所说的偶然性：蒙古人犯了战略上的错误。当时荆湘江淮一带因多年与辽金交战，经济残破，而四川相对安定，又是重要粮食产区，加上这里防守比较薄弱，所以从窝阔台到蒙哥都想先占四川作为立足点，然后顺流而下攻南宋。本来这也没什么大错，但错就错在分兵攻城，必欲把全蜀荡平而后快。这一方面分散了兵力，使蒙军不能集中力量作战，攻击效果差，如蒙哥御驾亲征，也只带得四万人攻钓鱼城；另一方面又耽误时间，如攻重庆和钓鱼城，蒙军主力屯兵坚城之下，久攻无效，帅老兵疲，连蒙哥也死在城下；同时这也是舍己之长，扬人之短。蒙古兵原本就长于野战，收罗了一批汉族降将后，水军也十分强大，不管陆战还是水战，宋军都不是对手。但面对高垒深沟的坚城，蒙古军队的长处一点也发挥不出来，却让多是本地士兵的宋军得心应手，同心守卫，即使最后也能攻克，却要花费大量兵力和时间。我们不妨设想一下，如果蒙军在占了川西富庶之区以后，以偏师对川东坚城围而不攻，更不去理会那些既少军事价值，又缺经济价值的乡村寨堡，同时以主力兵出荆襄江淮，南宋小朝廷绝支持不了那么久。忽必烈即位后，正是听从了南宋降将刘整等人的建议，把攻击主力放在荆襄，然后顺汉水南下，所以很快就灭掉了南宋，统一了全国。

其实，蒙古军的错误在当时就有人看出，蒙哥的属下术速忽里便向蒙哥提出，留一支兵力在重庆、合州之间作为牵制，然后以主力水陆东下，出三峡与湖北诸军会师，这样不仅东南一举可平，即重庆、合州也不能支撑。可这番高见却被诸将认为迂腐而没有采纳。后来忽必烈听说此事，抚掌叹息说："当时若从此策，东南其足平乎！朕在鄂渚，日望上流之声势耳。"当然，不管怎样，历史是不能重写的，余玠的"山城防御体系"在历史上也确实起到过有效的阻击作用，这一点我们也不能否定。

下面我们还是从钓鱼城开始说起。

# 钓鱼城

钓鱼城位于今合川区合阳镇东五千米的嘉陵江南岸钓鱼山上，占地2.5平方千米。其得名之由，是传说上古曾有一位神仙在此钓过鱼，至今山上有一块平整巨石，上有巨人足迹，就是传说中的钓鱼台。

钓鱼山地势险壮，峭壁陡绝，嘉陵江、涪江、渠江三面环绕，背山面水，

钓鱼城上钓鱼台

钓鱼城全景

钓鱼城外脑顶坪——蒙哥中炮处

扼控一方，是嘉陵江上游的军事重镇，重庆北面的门户，在宋蒙战争中，曾起到过非常重要的作用，钓鱼城一役，也使此一小小城池名扬天下，流芳千古。

……这是发生在八百多年前的一段血与火的故事。

衰草无边，残阳如血。茫茫无垠的漠北草原上，一小队人马从天边疾驰而来。

这队人马约有十来个人，大多数衣衫破烂，血迹成片，其中有几个还被捆着手脚，马缰由其他人牵着。——显然，这些人刚刚经过一场战斗，还俘虏了几个敌人。

领头的是一位青年汉子，身材魁梧，英气逼人，骑着一匹黑色骏马，腰间挎着一把长刀。他不断用皮鞭抽打着马背，一边催促着同伴："快！快！……"

终于，他们来到了营地。青年汉子跳下马，直奔中间最大的一顶帐篷而去。

钓鱼城新东门

钓鱼城炮台

钓鱼城古城墙

一位小姑娘迎上来："也速该大哥，嫂子刚刚给你生了个儿子呢！"

"哈哈，我的小雏鹰出壳了！"

一阵婴儿的啼哭声传来。稚嫩而又响亮。

这哭声仿佛是在向世人宣告：

"世界将因我而改变！"

这是公元1162年。婴儿的父亲也速该为自己的第一个儿子取名为铁木真——这是他刚从那场胜利的战斗中抓来的俘虏的名字。

后面的故事大家都知道：铁木真，蒙古人的成吉思汗，他率领的蒙古铁骑曾横扫欧亚大陆，和他的儿孙们一道，建立起一个世界上有史以来疆域最广大的国家。

中国历史的进程也因蒙古的崛起而改变。

1235年，蒙军开始侵宋，其战略重点是先取蜀地，绕过宋军主力防线所在的、经济上残破凋敝的荆湖两淮，而占领这个防御薄弱却又富庶丰饶之区以为粮草接济来源；同时高屋建瓴，顺流东下直取江南。当时南宋朝廷已经腐朽没落，根本没有心思抗敌，所以宋军在战场上多是一触即溃，望风披靡。彭大雅制蜀时，已看到了平原无险可守，只能依山建城，利用有利地形来阻遏蒙古铁骑。因此他在修重庆城的同时，就派部将甘润到合州钓鱼山结寨，以为重庆屏障。1241年，余玠入蜀，在重庆筑招贤馆，广招天下贤士。冉琎、冉璞兄弟向他建议说："蜀中形胜之地，没有比得上钓鱼山的，如果把合州城迁到那里，再任命得力的人积蓄粮食以守卫之，远胜于十万军队。如此保卫巴蜀就不难了。"余玠采纳了二人的建议，于1243年修筑了钓鱼城，徙合州治所于其上；1254

*20世纪20年代的北碚温泉寺——传说蒙哥就死于此*

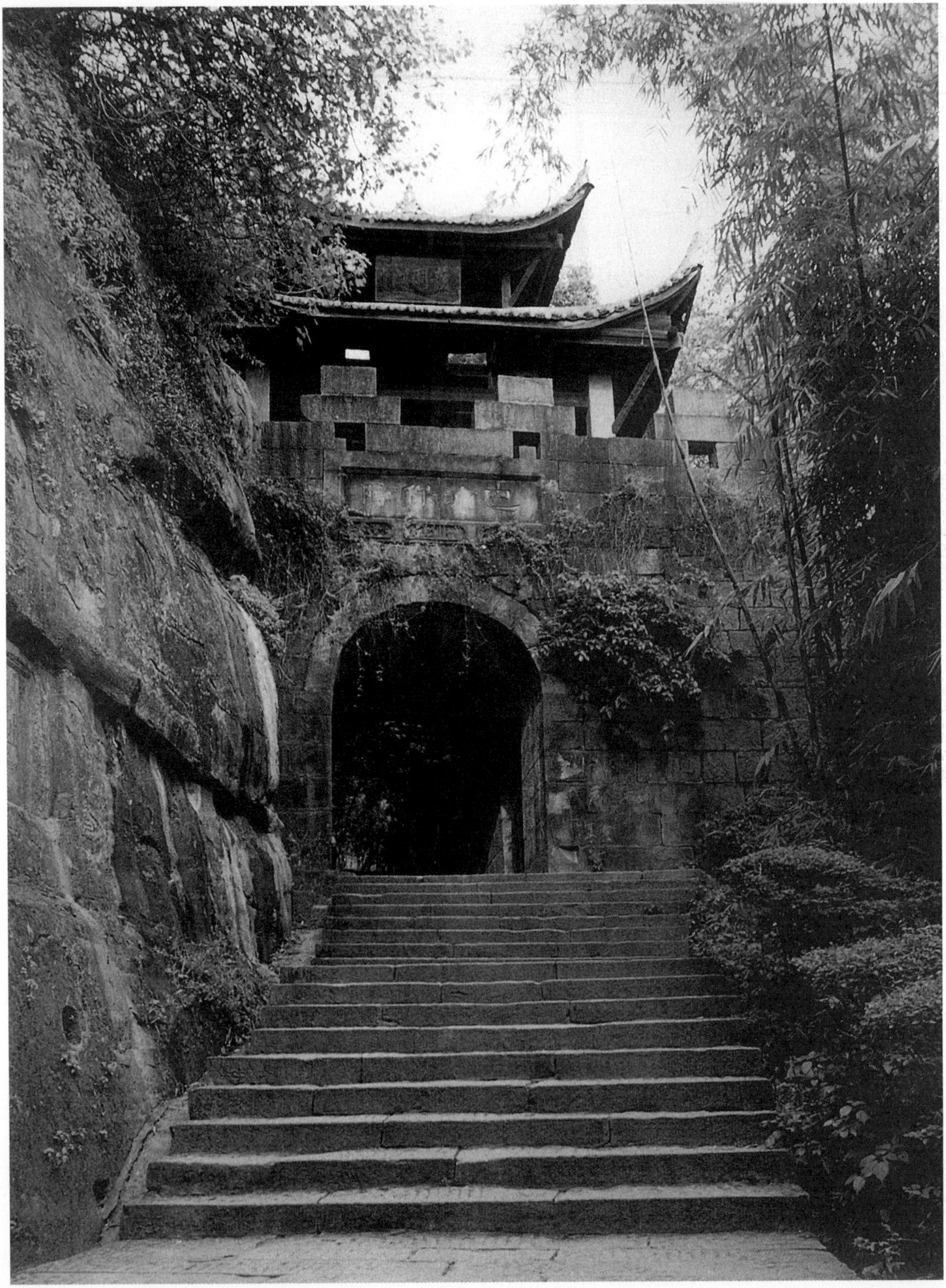

钓鱼城护国门

钓鱼城护国门旧貌

年，合州知州王坚又在余玠的基础上增筑完善了城防设施。此时的钓鱼城，“城高二十仞，城之门有八，曰护国、青华、正西、新东、出奇、奇胜、小东、始关。其山脚周回四十余里”。城墙用大条石砌筑在山崖峭壁之上，距地高达数十米甚至近百米，城内还开辟有大天池一个、小天池十三个，井九十二眼，解决了山上的水源问题；还开辟了田地以供耕种，以解决部分粮食问题。这种高垒深沟，耕战一体的守城之策，在冷兵器时代确实很有效，让这钓鱼城坚如金城汤池，一夫当关，万夫莫开。合州军民凭此险绝之城，与重庆互为犄角，从1243年至1278年，与元蒙军队展开了大小200余战，重创、牵制了大量敌军，坚守达36年之久，堪称世界战史上的奇迹。

1258年，蒙哥大汗率四万大军（号称十万）入蜀，其马首所向，无坚不摧，一路如入无人之境，许多城市和山寨的守军都纷纷投降，只有钓鱼城守将王坚和张珏不但不投降，反把蒙哥派来招降的使臣斩首。蒙哥大怒，下令封锁钓鱼城水陆通道，并挥兵猛攻城池。从1259年2月初打到7月，不但没有攻下钓鱼

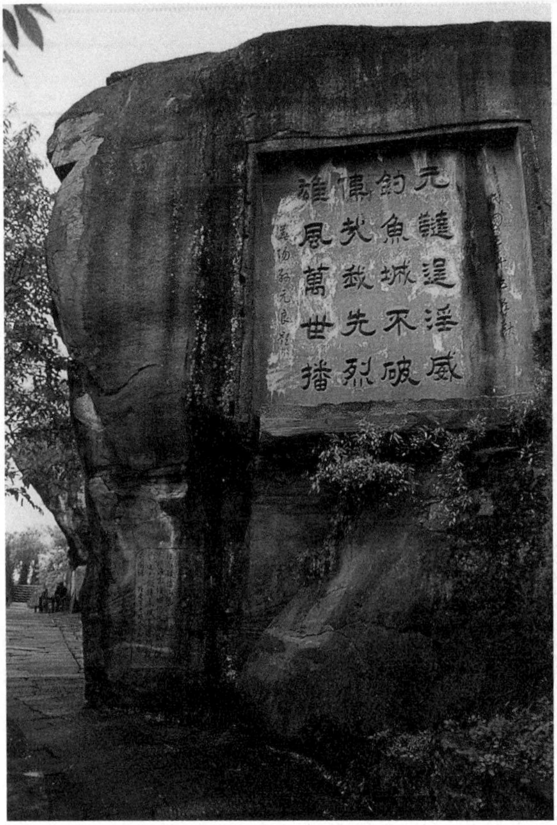


钓鱼城题刻

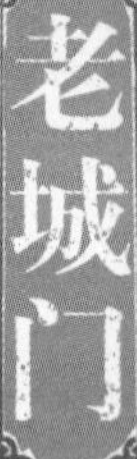

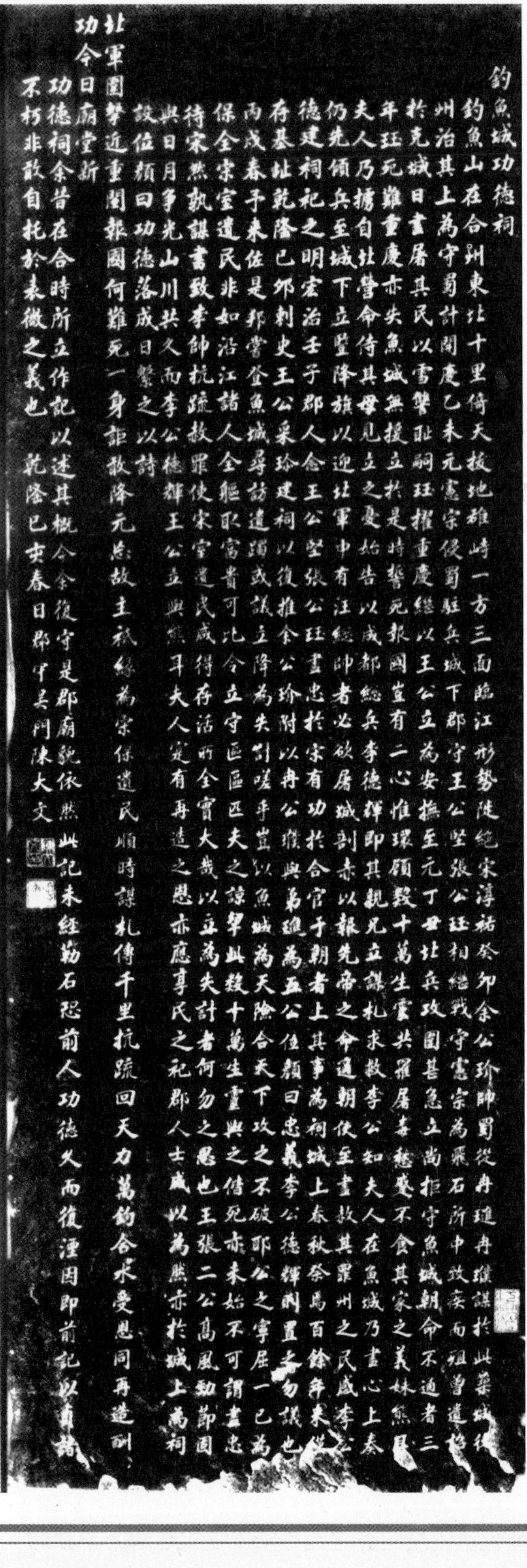

釣魚城功德祠

釣魚山在合州東北十里倚天拔地雄峙一方三面臨江形勢陡絕宋淳祐癸卯余公玠帥蜀從冉璡冉璞謀於此築城徙州治其上為守蜀計開慶乙未元憲宗侵蜀駐兵城下郡守王公堅張公珏相繼戰守憲宗為飛石所中致疾而殂曾遺詔於克城日盡屠其民以雪警恥嗣珏擢重慶總以王公立為安撫至元丁丑北兵攻圍甚急立尚拒守魚城朝命不通者三年珏死難重慶亦失魚城無援立於是時誓死報國豈有二心惟環顧數十萬生靈共罹屠毒愁憂不食其家之義妹熊氏夫人乃擄自北營命侍其母見立之憂始告以成都總兵李德輝即其親兄立謀札求救李公知夫人在魚城乃盡心上奏仍先傾兵至城下立豎降旗以迎北軍中有汪總帥者必欲屠城剖赤以報先帝之命迺朝使至盡赦其罪州之民感李公德建祠祀之明宏治壬子郡人僉王公堅張公珏盡忠於宋有功於合官于朝者上其事為祠城上春秋祭焉百餘年來從存基址乾隆己卯刺史王公采珍建祠以復推余公玠附以冉公璡與弟璞為五公位額曰忠義李公德輝酬置之勿議也丙戌春予來佐是郡嘗登魚城尋訪遺蹟或議立降為失討嗟乎豈以魚城為天險合天下攻之不破耶公之寧屈一己為保全宋室遺民非如沿江諸人全軀取富貴可比今立守區區匹夫之諒罕此數十萬生靈與之偕死亦未始不可謂盡忠待宋然孰謀書致李帥抗疏救罪使宋室遺民咸得存活所全實大哉以立為失計者何勿之思也王張二公高風勁節固與日月爭光山川共久而李公德輝王公立與熊耳夫人寔有再造之恩亦應享民之祀郡人士咸以為然亦於城上為祠設位額曰功德落成日繫之以詩

北軍圍擊近重閣報國何難死一身詎敢降元忘故主祇緣為宋保遺民順時謀札傳千里抗疏回天力萬鈞合承受恩同再造酬

功令日廟堂新

功德祠余昔在合時所立作記以述其概今余復守是郡廟貌依然此記未經勒石恐前人功德久而復湮因即前記以貞諸不朽非敢自托於表微之義也　乾隆己亥春日郡守吳門陳大文

清代题刻“钓鱼城功德祠”碑

钓鱼城镇西门

城，反而损兵折将，包括总帅汪德臣在内的六员大将都在攻城中战死。蒙军士气低落，帅老兵疲，又逢酷暑，北兵不耐暑热，生病尤多。蒙哥想探视城内虚实，看看守军是否断水，于是在城东龟山堡（今名脑顶坪）上搭起瞭望楼，楼上竖起高杆，命人爬上杆顶向城内瞭望。王坚明白蒙哥的意思，于是让人从天池中捉来两尾共重30来斤的大鱼，又蒸面饼数百，一并投掷城下，还致书蒙哥说："让你们这些北方兵煮鲜鱼吃面饼，再守上十年，也得不到城池。"同时悄悄架上大炮对准了瞭望楼。当天蒙哥亲自来这里指挥瞭望，城上炮矢齐发，密如雨下，将桅杆炸断，桅顶士兵当场殒命，蒙哥也被"炮风"所伤，几天后在转运缙云山养伤，途中死于温汤峡（今重庆北温泉）。

钓鱼城镇西门

被称为"上帝之鞭"的蒙哥折鞭钓鱼城，对宋蒙战局乃至

明代所建钓鱼城护国寺大门牌坊旧貌

欧亚非抗蒙形势都产生了巨大的影响。一是在战斗中打死了一位蒙古最高统治者，这是蒙古人在整个东征西讨的战争中唯一一位战死沙场的大汗，极大地鼓舞了各地人民的抗蒙士气；二是蒙古军队因蒙哥之死而从欧亚非各地全面停止进攻并大批撤军，缓和了世界抗蒙形势（如埃及就因此而打败了留在巴勒斯坦的蒙军，从而保卫了国家），尤其是缓解了对南宋的军事压力，使其又苟延残喘了二十年之久；三是引发了蒙古统治集团内部权力纷争，更为开明有识、更具宏才大略的忽必烈登上帝位，让此后的宋蒙（元）之战逐渐具备了统一和进步的性质，从而缩短了战争进程，减少了人民的牺牲。

1276年，元军攻破南宋都城临安，宋亡；1278年2月，重庆守将张珏的部下赵安及韩忠显夜开通远门降元，张珏巷战不支，退至涪陵，被元兵追及俘虏，在押送北京的途中用弓弦自尽而死。这时的钓鱼城，以弹丸之地，外无援兵，内缺粮草，被元军昼夜攻打，险情百出，实际上既无再守的可能，也无再守的必要。3月，守将王立以保证城内十多万百姓的生命财产安全为条件，向元军投降；第二年2月，南宋残余势力在今广东江门的崖山海战中彻底覆灭。宋蒙战争的历史活剧以忽必烈的最后胜利，中国统一于元人之手而落下帷幕。

钓鱼城在王立降元后被元军拆除，荒废毁弃。直到清朝中后期，当地人因躲避白莲教和太平天国石达开军，又多次重修和增设钓鱼城城防设施，但此后又是多年荒圮，任凭风雨侵蚀。至20世纪60年代初，始被列为四川省文物保

俯瞰钓鱼城，城下滔滔不绝的嘉陵江水和“一夫当关、万夫莫开”的古城，挡住了蒙哥的金戈铁马

护单位，1996年被列为全国重点文物保护单位，期间曾有多次维修、重建。现在这里已是全国保存得最为完好的古战场遗址。

钓鱼城现存城墙，其墙基为宋代遗物，上部则为清代所建，也有近年修复的，总长约10千米，高墙蜿蜒，雉堞巍然，城墙上还建有墩台（瞭望台）和炮台；除主城墙外，在城东和城南，还有约2.5千米长的内城，构成两道军事防线。城南北两侧原各筑有一道“一字墙”，今已不存，其遗迹分别长1 200米和2 500米，一头连着钓鱼城，一头直抵江边，其作用是分割攻城敌军，使其不能首尾相顾。城门现在也都基本保存，其中护国门最大，位于南墙的第二道防线上，其两面绝壁，仅以栈道相通，奇险无比。现存双拱门洞为明代补修过的，高3.15米、宽2.5米，双拱总厚2.4米，门额上书“巴渝保障”四字，其上的城楼为现在新修，但也画栋雕梁，气势雄伟。登斯楼也，亦令人有“心旷

神怡，宠辱皆忘，把酒临风，其喜洋洋者矣”的境界。

钓鱼城北国寺

面对脑顶坪的新东门则是保存得最好的南宋原建城门，现存门洞也是双拱，高3.1米、宽1.9米、厚1.84米。这里是炮击蒙哥的地方，城墙上炮台尚在，可供游人发思古之幽情，遥想那旌旗在望，鼓角相闻的风云岁月；同时这座城门也是难得的南宋建筑实物资料，可作学者们研究古代建筑特点的实物标本。

钓鱼城内现存有宋代阅兵场、财库遗址、兵器作坊遗址和水井、水池、排水系统等，还出土有宋代箭镞、钱币等文物；城外有宋代水师码头。城内还有宋、明、清、民国时期的摩崖造像与题刻数十处，清代建筑护国寺、忠义祠（祀余玠、冉琎、冉璞、王坚、张珏等人）等。现护国寺、忠义祠辟为钓鱼城博物馆陈列室。

宋军使用的擂石，元军使用的水壶、行军锅

# 白帝城

现在一般所指的白帝城，是位于奉节县城下游不远的瞿塘峡西口外的白帝山。它原是一座小山头，三面环水，一面接陆，扼控川鄂水陆要冲，三峡蓄水后已成为一孤岛。而据近年的考古发掘，古代的白帝城包括了白帝山及其附近的两三个山头和山间平地，汉代的子阳城（即赤甲城）、刘备托孤的永安县和宋代的瞿塘关城址都在其内，范围比现在的白帝庙所在的山头要大得多，约有四五平方千米。白帝城始建于西汉末年，由王莽手下大将、后割据四川的公孙述所筑。他自称白帝，把这个城也命名为白帝城，城中原有白帝庙，所祀就是公孙述。明代将白帝庙改祀刘备、诸葛亮、关羽、张飞等三国人物，称“明良殿”。后经多次增修，与最初规模已完全不同，但一般人仍叫它白帝庙或白帝城。因这里一直是风景名胜区而没有成为“开发区”，所以到现在我们仍有幸看到汉、唐、宋、明代遗留下来的一些遗迹。今所见城垣主要为南宋时修筑，为抗蒙山

奉节白帝城

光绪《奉节县志》中的白帝城图

白帝城永安宫旧址，此为三国刘备托孤处

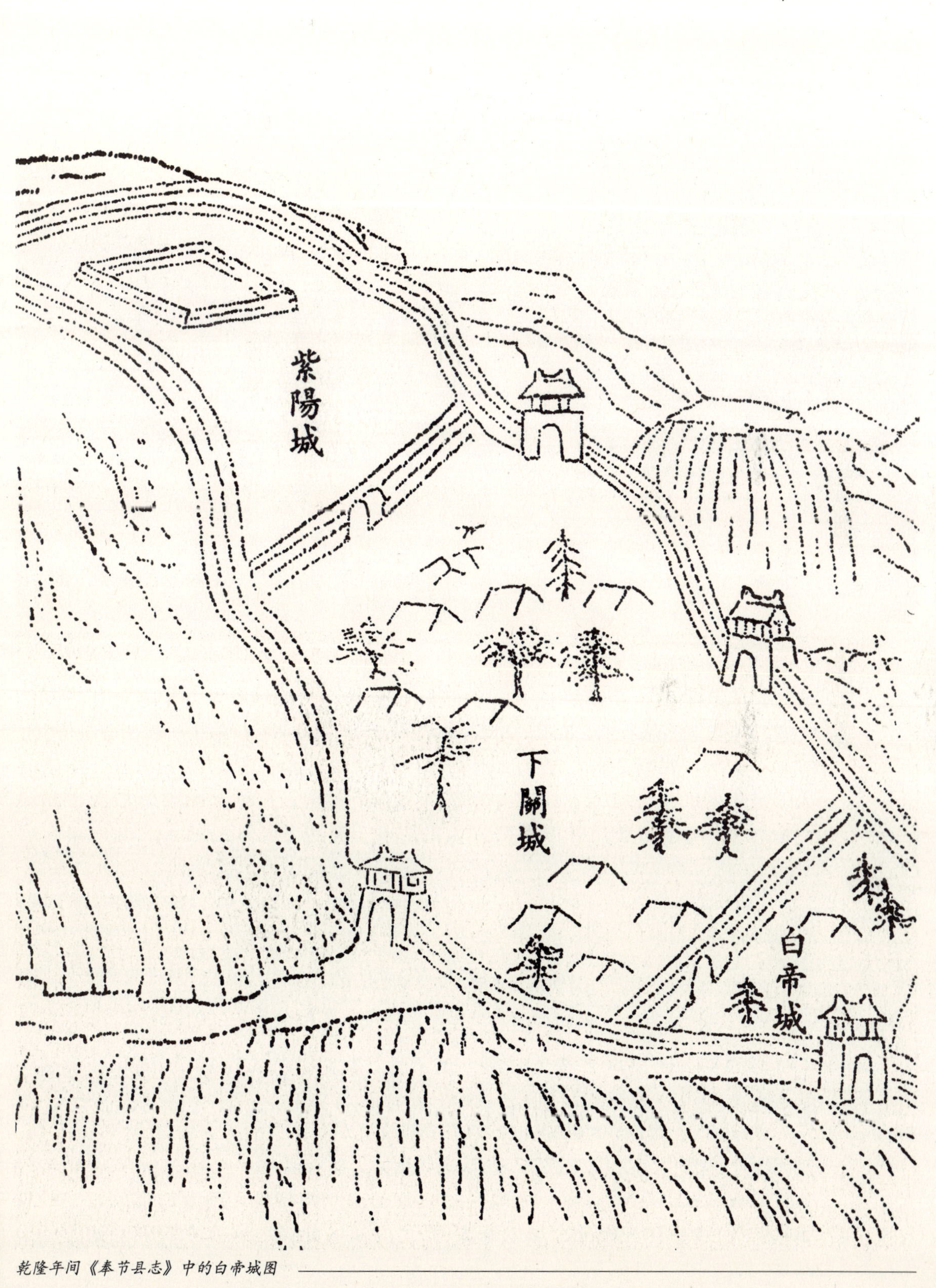


乾隆年间《奉节县志》中的白帝城图

白帝庙大门

城防御体系中的一个重要据点，平面呈亚字形，面积约5平方千米；有石砌古城墙，残长7 000余米，高2～8米，厚2～15米；东面有城门一道，石砌券拱，门宽4.2米，残高2米，厚7.9米。城内还有皇殿台、洗马池等遗迹。南宋时这里是重要的抗元据点，1278年被元军攻陷，遂废。三峡水库蓄水后白帝城成为岛屿，但山上古建筑并没有受到大的影响，现在是长江沿线著名的风景名胜点。

白帝城的出名在于两个人，一个是李白，他一首脍炙人口的《朝发白帝城》传唱千古：

> 朝辞白帝彩云间，千里江陵一日还。
> 两岸猿声啼不住，轻舟已过万重山。

这首诗差不多成了每个时期小孩子学习时必读的古诗之一，因此凡中国人很少有不知道白帝城的。

另一个是刘备，这也是一个因《三国演义》而令中国人都知道的历史人物。他因急于为张飞、关羽报仇而带兵轻率伐吴，在夷陵被一个名不见经传的年轻小将陆逊火烧连营七百里，大败亏输，狼狈退回白帝城，因太过郁闷，于蜀汉章武三年（223年）病死在城内永安宫。“白帝城托孤”的凄凉故事也就流传千古。

白帝城诸葛亮观星亭

因为这里自古是兵家必争之地，历史上曾发生过许多次战争，因此传奇故事也就特别多。在白帝城下面靠近瞿塘峡口处的江边上有一个石碛，本是西瀼水（梅溪河）流入长江时形成的沙石堆积，传说这里是诸葛亮布八阵图的地方。说是当年刘备带着残兵败将退回蜀地，陆逊一路追来，刚一追出峡口，就陷入八阵图的乱石堆中差点出不来，于是打道回府，刘备才在白帝城安顿下来。传说这是诸葛亮事先掐算出而安排下的疑阵。

# 皇华城

在忠州县城东面15千米处长江之中，有一个面积约2.5平方千米的江心岛，岛上有一座城址，这就是前面我们在讲忠州古城时提到过的皇华城。之所以叫这个名字，是因为此处出过一个皇帝。南宋宝祐元年（1253年），当朝皇帝理宗赵昀的侄儿赵禥被封于忠州为忠王，其王邸就设在皇华洲。理宗自己没有子嗣，所以在景定初立忠王赵禥为皇太子，景定五年（1264年）理宗崩，赵禥继位，是为度宗。度宗登基后，改元咸淳，并将自己的发迹之地忠州也升格为咸淳府。因这时正值元蒙军队大肆入侵南宋期间，所以府治也迁到了皇华洲上，并“以山为垒、带江为池、据险筑城”，建有城墙、城门、校场、书院等，故称皇华城。皇华城是川东一系列抗元据点中唯一的一座水上城堡，是重要的抗元基地。当时的守将是宋六郡镇抚使、咸淳知府马塈，他带领军民加固城防，囤积粮食，积极备战，准备迎击元兵。1277年夏，元将杨文安率兵进攻咸淳府。杨文安原是宋人，其父、叔都是四川宋将，其父抗元死节，时杨文安尚小，随其叔降元。他与马塈是老乡，所以写信让马塈投降，马塈不从，杨文安便立寨城外，举兵攻城。一直打到十二月份也没拿下，于是杨趁夜派人悄悄搭云梯登上城头，杀死守门士兵，打开城门，元军一涌而进，马塈率军竭力巷战，杀死元攻城大将（也是宋降将）达州安抚使鲜汝忠。但因众寡悬殊，天亮以后，宋兵大败，马塈力尽被擒，不屈而死。

城破以后，元军大量拆毁城门、城墙，又历经七百多年风雨，现只剩下一些遗迹。现存城墙残迹长约100米，高1米，分上下两层，以条石垒砌，城内有演武厅、夫子池、府衙等遗迹，城北临江石岩上有“保江处”三字，为宋代石刻。三峡水库蓄水后，皇华岛面积缩小为1.2平方千米，但其孤岛沧桑，古迹宛在，加上江村烟树，碧水云天，值得一游。

皇华城宋代演武厅遗址

忠县皇华城

保江处石刻

皇华城宋代府衙遗址前的石马

皇华城九锣石宋代兵器作坊遗址

# 多功城

多功城位于重庆渝北区翠云乡花朝村翠云山上，又称翠云寨。城之始建，在南宋末年，属于宋蒙战争中川东南山城防御体系链中的重要一环，西可锁扼嘉陵江，南与重庆呼应，是重庆北边的重要屏障。余玠制蜀时，用二冉计，在川南川东水陆要冲之地修筑城寨，多功城便是其中之一。因此其最初修筑的时间应在淳祐中。今西门石上有题记："端明殿大学士大中大夫四川安抚制置大使朱禩孙建"。查朱禩孙任四川安置使的时间为宋咸淳六年（1270年），与拱门顶上的题记款"咸淳六年"相合，则西门比城晚修二十多年，可能是在战争中被破坏后又重修的。

此城因据战略要地，历代为兵家所必争之地。明末张献忠取重庆后，又北上攻成都，以部将刘廷举留守重庆，在多功城也派驻了一支军队。但不久刘廷举被明军打败，逃到成都去向张献忠求救。张献忠派刘文秀统兵三万来攻重庆，将多功城作为"老营"（大本营），分兵两路，一路从佛图关陆路进攻，一路从嘉陵江水路进攻。重庆守将曾英是个有勇有谋的战将，他先派出两支军队，分别从水陆两路阻击，并命他们不要轻易开战，自己则率轻骑五百，从小路突袭多功城刘文秀老营，并一举将其歼灭。然后打着缴获的对方旗帜，绕至敌后，与正面的部队前后夹击，大破刘文秀军，刘文秀仅带得三千来人逃走。

多功城近景

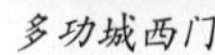
多功城西门

多功城东门

多功城经明清补葺，至现在保存基本完好。其平面呈椭圆形，城墙周长约500米，墙体为条石砌成，厚3.5米，有两重，外墙高6米，内墙高2米，城门有2道，东城门高2.5米、宽1.9米、进深1.8米；西城门高3.2米、宽1.9米、进深4米。城内原有翠云寺，建于南宋开禧年间（1205—1207年），今已不存，遗址在今翠云小学内。寺东有一6米见方的小池，深3米许，天旱不涸，名曰“天池”，故此寺亦名天池寺。

多功城修成椭圆形，本是随山赋形，因地就势。但民间却有这么一个传说：鲁班有个徒弟叫赵巧，想同师傅打赌，让鲁班修江北城，自己修石滚寨、金宫寨和翠云寨（三寨相距不远），约定天晚动工，鸡叫完工，看谁先修好。赵巧先修了石滚、金宫二寨，把翠云寨也修了一半，见时间尚早，就想看看师傅的进展如何。一看之下，吃了一惊，鲁班已近完工。这赵巧不去赶修寨子，却动上歪脑筋，跑到华蓥山去赶石头。一路赶去堵长江铜锣峡，想让水涨起来把江北城淹了；一路赶到翠云寨作修寨用。他将石头变成猪儿，赶到半路，见一老太婆坐在路边。谁知这老太婆是观音菩萨变的，说了一句话：“这猪儿是石头啊！”于是猪儿们全都变回石头留在原地，再也赶不动了，这就是今兴隆场一带的猪儿石梁坎，和铜锣峡上游一带形似猪群的猪儿石。这时鸡又开始叫了，赵巧一慌，想把翠云寨缩小点就算完工，于是将它抱起来一挤，就挤扁了，因此翠云寨就成了椭圆形。由于赵巧多花了工夫但却没建好寨子，所以人们又把翠云寨称为“多功城”。

远眺多功城

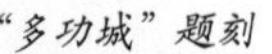

“多功城”题刻

多功城西门石上的题刻

# 磐石城

云阳磐石城，又名磨盘寨，位于长江北岸，峭壁耸立，地势绝险，山顶平整，城山合一，占地面积约5万平方米。《华阳国志》朐忍县下云“山有大小石城”，磐石城即大石城。只不知是以山似城，还是因山有城而名之？若是后者，则城之始筑应早在晋以前了。唐代在这里驻过军队，想来也应有城。南宋淳祐年间，余玠规划山城防御体系时，把这里作为一个重要的据点，派部将吕师夔大修磐石城，率兵在此驻守，与万州天生城（即前引《华阳国志》中的小石城）互为犄角之势，抵抗蒙古军队。德祐元年（1275年）秋，元将杨文安攻万州不下，转攻沿江城堡，磐石城守将谭汝和投降元军，城失陷。

磐石城因其地势险绝，位置重要，有“夔门之砥柱，云阳之形胜”的美誉，因此在战争时期常为驻军之地，或为当地民众结寨自保的地方。此城大约在南宋末年起就一直为当地大姓谭氏家族所据，明末清初，天下动荡，兵祸连接，四川境内战乱不止，谭谊（一作谭义）据磐石城，与据万州城的谭文、据天生城的谭弘互相呼应，人称“三谭”。清顺治十五年（1658年）夏四月，清军攻

磐石城雄姿

占重庆；这年下半年，三谭随南明督师文安之由水路两次攻重庆不克，第二年正月，谭弘、谭谊因故杀谭文，引起诸将不满，文安之欲讨伐二谭，二谭惧，于是率部投降了清军。

入清以后，承平日久，城渐废毁。乾隆年间，当地另一大姓涂氏用重金从谭氏手中买下磐石城，迁族人三百余人入内居住，后白莲教、李蓝乱起，涂姓人因得保全。清同治时期为防石达开入川，20世纪20年代初因省内军阀连年混战，涂家人两次对该城城墙和城门进行了维修。1940年6月，日军占领宜昌，近窥三峡，威胁重庆，

《磐石城记》题刻

磐石城墙马面

磐石城西门踏道，可能当年的守城将士们就从此经过，进出城门

磐石城门

国民政府海军部在磐石城下构筑江防工事，设立了“江防要塞指挥部”，以备从长江上抗击日军。至今该处还残存有当年的钢筋混凝土工事。

磐石城门题刻

磐石城平面略呈梭形，东西长约420米，南北宽约130米，垂直高差约30～50米，南北两面皆为悬崖峭壁，东西有狭窄小路可通山顶。城缘山崖而建，东西各一门，目前保存有两座城门和部分城墙。东门为前寨门，石结构，宽1.5米、高1.8米、厚1.7米，其上建有门楼，墙上暗置炮位、枪眼。门前左边石壁上刻有“磐石城”三个楷书大字，右边石壁上有清康熙二年（1663年）的题刻《磐石城记》。宋代城墙长约500米，厚1.22～1.5米，系用大型条石砌筑而成。城内残存有大型石砌蓄水池、古井和大量建筑遗迹，还有建于清道光年间的涂氏宗祠。2000年，磐石城被公布为重庆市第一批文物保护单位。现在，云阳新县城迁到了这里，磐石城成了云阳新城的中心，被辟为公园，供游人登临休憩。

# 天生城

天生城位于万州（沙河镇）北约1千米处的长生河西岸，原为一小山冈，其巉崖突兀，四壁如削，仅背后山脊有尺许小路通山下，似天生成城，故名。此亦《华阳国志》所记“大小石城”中的小石城。传说三国时蜀汉皇帝刘备率军伐吴，曾屯兵山上，所以又名天子城。

此城也是宋末余玠抗蒙“山城防御体系”中的一个重要据点，筑好后也与其他据点一样，将州治迁到城中，此后二十多年间又有四次增筑，到上官夔作知州时，城垣设施已经相当完善，有东南西北中五道城门，东、西城门外还另筑有一道卡门；在中城门与东、西城门之间，又各筑有一道一字城。城依山而建，城门、城墙都建在绝壁上，城内军事、民用设施齐全，有长期守战的充分准备。因此上官夔自信地宣称：“如此地险，除是飞来！”

天生城门

但即使是如此绝险之地，在蒙军的反复攻击下也没能逃脱城破人亡的命运。元至元十二年（1275年），元将杨文安转战川东，秋七月，移兵攻万州，先破牛头城，进围天生城。上官夔力战坚守，以待援军。杨文安遣部将杨应之、彭福寿出小江口堵截宋援兵，宋军大败，总管二人被擒。但万州一直固守不降，元军只好解围，转攻长江沿线其他据点。

蜿蜒曲折的小道，仿佛喻示着当年的古城有万夫莫开之势

第二年夏，川东大片地区除夔州、万州等少数地点外，多已入元军手中。秋七月，杨文安再围万州，他派人致书上官夔，要他投降，被上官夔拒绝，于是元兵将城围困数重，攻打了一个多月，于八月辛未（初九）攻破了外城。这时，夔州守将张起岩发兵来救，又被彭福寿打败。杨文安再

天生城城门

次让上官夔投降，还是被拒。元军尽遣精锐攻城，派人趁夜悄悄搭梯登上城墙，斩关而入，上官夔巷战而死，天生城陷落。据城内石壁题刻记载，时在元至元十三年八月甲申（1276年农历八月二十二）。

明清之际，天生城被当地豪族谭弘所据，曾抵御过张献忠军及清军，后谭以城降清。清代中后期对此城有过两次维修。现在的天生城遗址占地面积约0.1平方千米，平面呈月牙形。现存墙垣为南宋时构筑，有石砌城墙3层。前墙长50米、高4.9米、厚1.3米，设瓮墙；中墙长50米、高1～2.5米。有前、中、后石券城门三道，前门城墙上有炮台一座；前后二门外另有卡门，分别为清咸丰三年（1853年）和光绪十七年（1891年）重建。城下左侧台地上还有二道一字城墙残迹。城内有历代题刻多则，重要的如南宋淳祐十一年（1251年）、十二年（1252年）、宝祐五年（1257年）、咸淳二年（1266年）的筑城题刻，还有元至元十三年（1276年）“宣相杨公攻取万州之记”碑1通，作者为杨文安手下将领王师能，所述万州之战，史实颇为详细可靠。

天生城是2000年重庆市公布的第一批文物保护单位，而且山上景色优美，可供人参观游览。

# 龙崖城

1258年，蒙古大汗蒙哥亲率大军南下侵蜀，一直打到合川钓鱼城下。为配合蒙哥的进攻，这年冬天，踞守成都的蒙军都元帅纽璘带领一万五千人水陆并进，直抵涪州，以切断重庆与下游的联系。第二年春天，纽璘又南下征讨思州、播州。时思、播二州当今黔北、渝南一带，北为南平军（治今重庆南川县），故南川是其南下必经之道。今南川县马脑山龙崖城有一块摩崖石刻，记载了元军此番南征路上的一次战况。其中说道，南宋宝祐乙卯（1255年），朝廷下旨修筑南平城，过了三年，守将茆世雄又筑龙崖城。第二年（1259年）正月，蒙军重兵攻城；二月再攻，并遣使招降。守军斩了来使，烧了招降书，并英勇反击，打退了敌人，斩获不少。这座城原非坚固，经深挖濠沟，高垒城墙，遂成南方第一屏障。四川制置使以此役上报朝廷，皇帝几次下令嘉奖，朝中大臣也跟着来文，都说这是筑城抗敌以来第一次见到的创举。后面列出一串“共事者”人名，其中有名茆世龙者，可能是茆世雄的兄弟辈，还有已卸任却未离去而协助守城的前太守李弈承。刻石的时间是南宋开庆元年（1259年）七月，这正是蒙哥在钓鱼城受伤而死之时。

另据嘉庆《四川通志》，此处原来另有一碑，记“宋宝祐四年，上有旨筑南郡四城，南平守臣史切举奉梱令城马脑山，四月丁卯而裁，六月戊寅而毕”。结合前碑所记，可知龙崖城最初为知南平军史切举于宝祐四年（1256年，前一年下旨，后一年动工）四至六月，用了72天草草筑成，茆世雄又浚之崇之，才有后来的规模。

崇山峻岭间的龙崖城，曾经也是抵御外敌侵略的重要关隘



大城主要是向西扩展，把城墙修到了重庆半岛的山脊上，可能只有两个城门，一名青龙，一名白虎。从名称看应是东西二门。另外又在城北一端粮之地修了仓城。这基本上就把重庆

龙崖城门

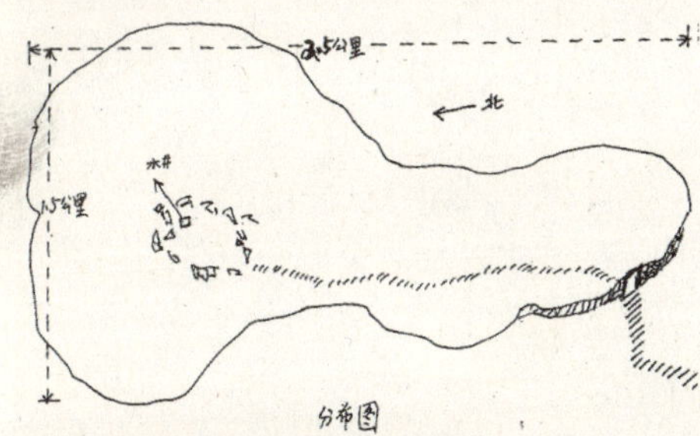


龙崖城文物普查草图

龙崖城之战，比钓鱼城还要早一个月。《元史·来阿八赤传》下所附纽璘也速答儿传中记纽璘“明年（1259年）春，朝行在所（往见蒙哥），还讨思、播二州，获其将一人”。从时间地点看，龙崖城之战应当就是讨思、播过程中的一役。《元史·步鲁合答传》则明言为纽璘部将车里所为：“攻重庆，车里将兵千人为先锋，渡马湖江，败宋兵于马老山，俘获百余人。”有一些文章则认为是另一元将兀良合台率领的蒙军所为。据《元史·兀良合台传》，兀良合台是云南蒙军统帅，1258年，蒙哥遣使令他于第二年正月会师长沙，所以他带领一支人马经贵州、广西入湖南，打到长沙城下。途中曾有几次大战，如破横山寨，辟老苍关，大败宋兵六万余。因此龙崖城之战也有可能是其中的一役。不过我以为攻龙崖城者为兀良合台的可能性较小，因为并没有关于他曾经过黔北进入四川的记载，而纽璘则明确记有他“讨思、播二州”之事，且新旧《元史》都有车里攻马老山的记载，因此攻龙崖城者为纽璘部下元军无疑。

龙崖城又名蟠龙寨，位于南川县东南的马脑山（属金佛山的一支）山顶，海拔1 784米。其山势险峻，三面绝壁，只有一条犹如鱼脊的狭窄独路上山，是黔北到渝东的必经之道，被誉为“南方第一屏障”。其峰顶山崖像一个昂首嘶鸣、仰天长啸的马头，蜿蜒的山势又像一条蟠曲欲起的、蓄势待发的巨龙，这是其马脑、龙崖、蟠龙得名之由。马颈处就是入城的鱼脊小路，叫凉风垭，路左侧崖壁上就是前述龙崖城之战的摩崖碑刻，碑高3.5米、宽4.3米，碑文楷书，计257字。经此上山，于绝壁间见石券拱形的龙崖城门，门南向，宽1.4米、高7米、厚0.68米，门额上刻“蟠龙砦”三字；城址平面狭长，南北长2 500米、东西宽1 500米，石砌城墙残长42米、高7米、厚0.86米；城内尚存建筑遗址、水池、水井等；城内有一方圆数尺的小池，久旱不涸，名曰天池，因四周多生菖蒲，所以又叫菖蒲湾，据当地《县志》记载，池原长三丈，积水甚深，可能就是屯兵贮水处；马尾处山崖上有一瀑布飞流而下，俗称马尿水，是龙崖江的主源头。

据说近年有人在龙崖城山腰和山顶都发现了神秘隧道，估计是抗蒙时期遗

龙崖城上山险道

留的兵器库。但现在隧道已被封堵，具体情况目前还未见有正式报告。

龙崖城在民国初年还曾作过维修，城门洞顶部嵌有一块条石，上刻双行小字：“黄帝纪元四千六百一十一年癸丑岁建”，黄帝纪元是辛亥革命时期使用的纪年，癸丑为1913年。在凉风垭距前述抗蒙碑刻约30米处还有另一块摩崖石刻，其内容大意为：袁世凯称帝时，云贵将军蔡锷、唐继尧不服，兴兵犯川，“陆军十五师步兵三十旅六十团三营十二连”奉命进击，于民国五年1月抵马嘴，历经两次战斗后，于4月7日“奉到取消洪宪国号之文，因于撤退前刊石备述战事始末”，落款是该连连长赵冕撰文并书，刻于民国五年（1916年）年5月中旬。这是发生于1916年护国战争期间的事。1915年12月12日，袁世凯废除民国，建立中华帝国，改元“洪宪”，自立为皇帝，引起全国反对。云南都督唐继尧以及蔡锷、李烈均等首先宣布云南独立，并组织护国军兴兵讨袁，分兵攻入四川、湖南、广西，以四川为主战场；袁世凯则命曹锟、张敬尧等入川支援四川军阀陈宧。至1916年3月，护国军在战场上取得了相当进展，袁军已感不支。3月22日，袁世凯迫于国内外形势，宣布取消帝制，交战双方也在3月31日停战。6月6日，袁世凯在众叛亲离中一命呜呼，护国战争结束。

查当年从这里进攻四川的讨袁护国军，是由滇军将领戴勘所率的滇黔联军。而守军之“第十五师”，就是原川军第一师，师长周骏，号吉珊，金堂人，日本士官学校毕业，时驻重庆，兼重庆镇守使，是当时四川军阀中的实力派，刘湘、杨森、唐式遵等都曾在其手下任团、营长。护国军兴起后，周骏得到袁世凯赏识，袁将其第一师改番号为国军第十五师；后来原四川军务督办陈宧宣布四川独立后，袁又命周骏任四川军务督办，其十五师师长和重庆镇守使二职都由王陵基接替，但实权仍掌握在周骏手中。十五师编制下共有两个旅（十九旅和三十旅），六个团，其中有一个炮兵团，一个骑兵团，四个步兵团。三十旅旅长是黄鹄举，号云鹏，荣昌人；六十团团长张鹏舞，西充人；三营营长倪正刚，云南讲武堂毕业生，湖北黄陂人。护国之役中，黄鹄举在简阳被打死，张鹏舞逃往上海，周骏、王陵基也在兵败后出川。倒是这位为袁世凯直接卖命还要刻石勒铭的十二连连长赵冕，我们却没有查到他的任何资料。

龙崖城内建筑遗址

龙崖城城门复原图

# 万寿山寨

明末清初，四川地区战乱频仍，兵祸连连，以致蓁莽遍地，白骨蔽野，但有一个地方却相对安定，这就是地处四川边陲的石砫。其原因是这里有一个大名鼎鼎、威镇八方的女土司、女英雄秦良玉，乱兵盗匪包括张献忠、摇黄十三家的势力都没能进入此地。顺治七年（1650年），明宗室朱容藩僭称楚世子、监国、天下兵马副元帅，设官封爵，实际是叛明割据，他引云、万“三谭”攻石砫，石砫宣慰司使马万年据万寿寨抵抗，并向川东明军李占春、于大海求救，朱容藩攻寨数月不下，被李、于二人打得大败，只身逃走，藏身于一草棚中，结果被李占春搜出杀死。这座能坚守数月而不破的万寿寨就是马万年的祖母秦良玉当年为保境安民而修筑的一个寨堡。

秦良玉（1574—1648年），苗族，字贞素，忠州人，自幼与兄弟一起读诗书，学兵法，练骑射，虽为女流，但胸怀大志。明万历二十三年（1595年）21岁时嫁给石砫宣抚使马千乘为妻。石砫是少数民族聚居区，其宣抚使按例应由当地土著世代承袭。但马家并非苗人，据称是汉代伏波将军马援的后人，其先祖有功被封至此。在马家，秦良玉找到了能发挥自己军事天赋的平台。石砫民风慓悍，时有叛乱，秦良玉协助其夫整顿土政，训练土兵。她发明了一种武器，在长杆前端安有尖矛勾刀，后端安有铁环，不仅可刺可砍可击可钩，而且能环钩相联，翻墙越崖，毫不费力，特别适合山地作战。因这种武器以白木为杆，故这支军队也被称为“白杆兵”。白杆兵训练有素，骁勇善战，威名远播，几年工夫，就使得境内盗匪不生，百姓安居乐业。

万寿山后寨门

万历二十七年（1599年），播州（治今贵州遵义）土司杨应龙叛乱，秦良玉随夫出征，在平叛战斗中勇猛机智，初露锋芒，白杆兵也奋勇杀敌，大

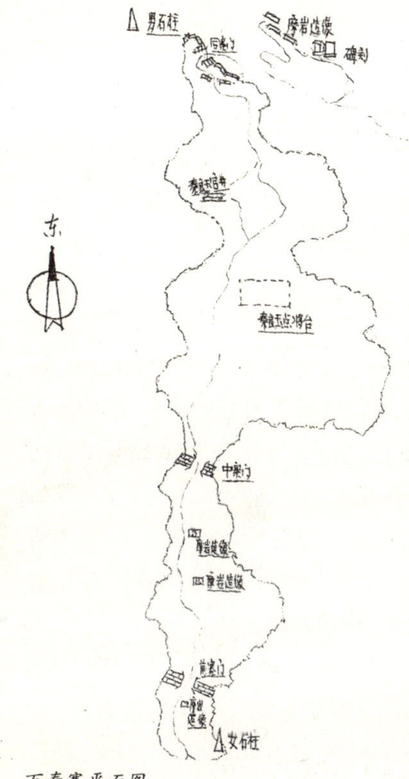

万寿寨平面图

显神威，最后围歼杨应龙，独得南川平叛第一功。但后来马千乘因故得罪太监邱乘云，被诬入云阳狱中而死，秦良玉袭夫职为石砫宣抚使。

泰昌元年（1620年），努尔哈赤率军入侵辽东，明军不能抵挡，朝廷诏天下兵马援辽，已46岁的秦良玉与自己的大哥秦邦屏、弟弟秦民屏、儿子秦祥麟一起率八千白杆兵赴辽，与敌人展开了血战。在浑河一役中，邦屏英勇牺牲在山海关附近，祥麟一目受伤。但一次次的激战也打出了秦良玉及所率白杆兵的威名，成功阻击了努尔哈赤军队的进攻，并得到明朝皇帝的嘉奖和封赏。

第二年九月，秦良玉回到石砫，正遇上永宁（今叙永）土司奢崇明反，攻下重庆、遵义、泸州、内江、新都等城，进围成都。见秦良玉回来，奢崇明派人带着重礼，约她一起造反。秦良玉怒斩来使，发兵征讨，沿途收复新都、安岳、乐至，直趋成都，大败奢军；接着回军又收复了重庆，攻下遵义等地，平定了全川。奢崇明逃往贵州。天启四年（1624年），秦良玉派秦民屏入黔继续清剿，不幸在途中遭另一叛乱土司安邦彦埋伏，秦民屏战死，民屏的两个儿子也受了重伤。

崇祯二年（1629年），皇太极率军入关，直抵北京城下，崇祯皇帝下旨全国勤王，时年已55岁的秦良玉尽出家财，应诏率兵北上，与清军大战，很快与众军一起解了北京之围。崇祯皇帝亲自召见了秦良玉，并赋诗四首，手书赐她，诗曰：

学就四川八阵图，鸳鸯袖里握兵符；
由来巾帼甘心受，何必将军是丈夫。

蜀锦征袍自剪成，桃花马上请长缨；
世间多少奇男子，谁肯沙场万里行。

露宿风餐誓不辞，忍将鲜血代胭脂；
凯歌马上清平曲，不是昭君出塞时。

凭将箕帚扫虏胡，一派欢声动地呼；
试看他年麟阁上，丹青先画美人图。

崇祯七年（1634年）二月，张献忠自湖北入川，陷夔州、大宁、大昌等地，秦良玉率兵阻击，张献忠不能敌，只好退走；崇祯十三年（1640年），张献忠

秦良玉用过的战刀

二度由鄂入川，秦良玉往击，所率三万人马几乎全军覆没；崇祯十七年（1644年）张献忠三度由三峡地区入川，秦良玉再次驰援败归，而张献忠军也未敢进入石砫。她在家乡屯粮练兵，发展生产，因为四境安宁，附近州县的百姓都到石砫来避难。清军入川后，秦良玉归附南明，坚持抗清立场。清顺治五年（1648年），74岁的秦良玉在一次检阅白杆兵结束后，下马时突然摔倒，溘然长逝。遗命其孙石砫宣慰使马万年继续抗清，尽责守土。

秦良玉的一生，极富传奇色彩，她是中国历史上唯一一位真正被国家任命的并被二十四史正式立传的女将军，先后被封为石砫宣抚使、二品诰命夫人、加封一品诰命夫人、授都督佥事、兼总兵官、太子太保、忠贞侯，明熹宗御赐“忠义可嘉”匾，崇祯帝赐手书御诗；石砫宣抚司也升格为宣慰司，其兄弟子侄俱因战功各有封赏；战死的邦屏、民屏特赐立庙享祀。

几百年来，秦良玉一直受到人们的怀念，后人多以诗词歌赋称颂之，当年驻防北京时的地方还一直叫“四川营”，其女兵纺纱织布之处，还叫“棉花胡同”。四川、重庆有关秦良玉的遗迹也不少，其墓尚在，1987年重修；石砫城

秦良玉“太子太保总镇关防”印

秦良玉的头盔、战袍

秦良玉墓

内的土司署“大都督府”在乾隆年间奉清朝皇帝谕旨改为太保祠，专祠秦良玉；嘉庆初又被纳入国家祀典，由地方官春秋致祭。封建帝王能如此对待曾与己为敌的人，殊属不易。民国中，祭祀废弛，祠内古物和秦良玉遗物散失殆尽，后由四川省政府将祠接收管理。“文革”中太保祠被单位占用，房屋大部拆毁，另建了新楼房，目前仅存主殿和大门。现秦良玉部分遗物（关防、袍服、甲胄、朝笏、朴刀等）由重庆中国三峡博物馆收藏展出。

万寿寨是秦良玉在败于张献忠后回石砫期间修筑的，目的是防备张献忠来犯，后又为抗清而预作战备。它位于今石砫县城东约十六千米的万寿山上。这里山势雄险，四面绝壁，仅有一独路可上。寨前寨后各有一石柱形山峰矗立，后边的高约一百米，形如戴冠男子，前边的高约七十米，形如挺乳妇人，称为男、女石柱。有人以为这是石砫县得名之由，其实不对。石砫是因早先境内有石潼关和砫蒲关，合二关之第一字而命名的，1959年6月，国务院批准改石砫为石柱，1983年又改为土家族自治县。

万寿寨占地面积约0.6平方千米，东西长约2 000米、南北宽约300米。今尚存前寨门、中寨门、后寨门、炮台、点将台、校兵场、官井、摩崖造像及部分寨墙。石砌寨墙残长共483米、高2.3～2.6米、厚1.6～1.9米。后寨门高1.8米、宽1.5米；中寨门高1.78米、宽1.61米；前寨门高2.8米、宽2.1米，额题“万寿山”三字，相传系秦良玉手书；门柱有对联一副，文曰：“奇水奇山此间宜有奇杰，寿民寿国随在可为寿征”。

在今石柱县广场上，塑有一尊秦良玉提枪跨马、英姿飒爽的雕像，以纪念这位叱咤风云，出生入死，为平定叛乱、卫国保家而作出一生贡献的巾帼英雄。

万寿寨前寨门速写

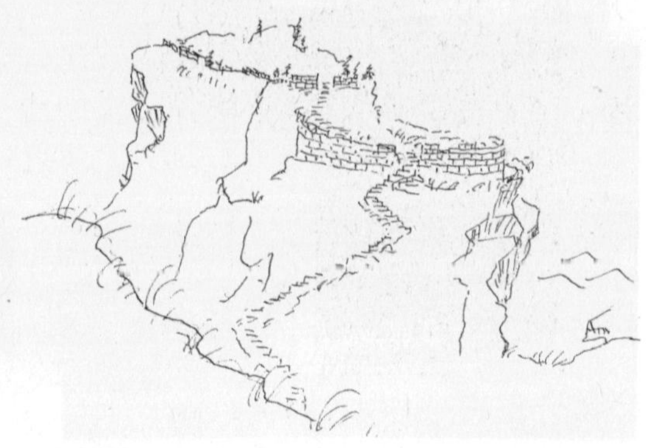

万寿寨速写

## ◎《老重庆影像志》◎

老房子
老重庆影像志
王川平 编著
贰

老街巷
老重庆影像志
朱俊 编著
叁

老码头
老重庆影像志
戴渝华 编著
肆

老地图
老重庆影像志
伍

老广告
老重庆影像志
陆

老档案
老重庆影像志
王小全 张丁 编著
柒

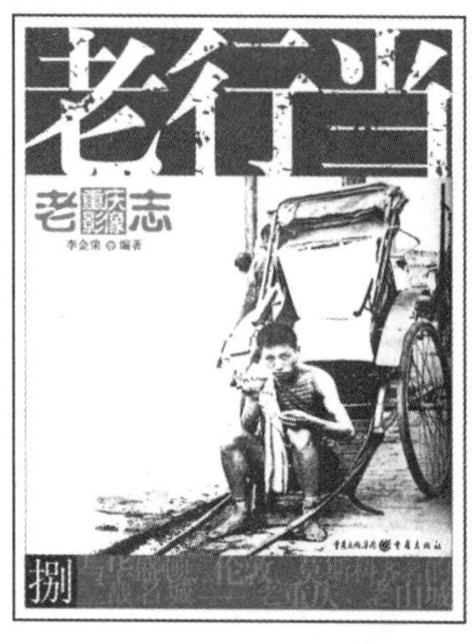
老行当
老重庆影像志
捌

老风尚
老重庆影像志
玖

老钱票
老重庆影像志
拾

秦良玉墓

内的土司署“大都督府”在乾隆年间奉清朝皇帝谕旨改为太保祠，专祠秦良玉；嘉庆初又被纳入国家祀典，由地方官春秋致祭。封建帝王能如此对待曾与己为敌的人，殊属不易。民国中，祭祀废弛，祠内古物和秦良玉遗物散失殆尽，后由四川省政府将祠接收管理。“文革”中太保祠被单位占用，房屋大部拆毁，另建了新楼房，目前仅存主殿和大门。现秦良玉部分遗物（关防、袍服、甲胄、朝笏、朴刀等）由重庆中国三峡博物馆收藏展出。

万寿寨是秦良玉在败于张献忠后回石砫期间修筑的，目的是防备张献忠来犯，后又为抗清而预作战备。它位于今石砫县城东约十六千米的万寿山上。这里山势雄险，四面绝壁，仅有一独路可上。寨前寨后各有一石柱形山峰矗立，后边的高约一百米，形如戴冠男子，前边的高约七十米，形如挺乳妇人，称为男、女石柱。有人以为这是石砫县得名之由，其实不对。石砫是因早先境内有石潼关和砫蒲关，合二关之第一字而命名的，1959年6月，国务院批准改石砫为石柱，1983年又改为土家族自治县。

万寿寨占地面积约0.6平方千米，东西长约2 000米、南北宽约300米。今尚存前寨门、中寨门、后寨门、炮台、点将台、校兵场、官井、摩崖造像及部分寨墙。石砌寨墙残长共483米、高2.3～2.6米、厚1.6～1.9米。后寨门高1.8米、宽1.5米；中寨门高1.78米、宽1.61米；前寨门高2.8米、宽2.1米，额题“万寿山”三字，相传系秦良玉手书；门柱有对联一副，文曰：“奇水奇山此间宜有奇杰，寿民寿国随在可为寿征”。

在今石柱县广场上，塑有一尊秦良玉提枪跨马、英姿飒爽的雕像，以纪念这位叱咤风云，出生入死，为平定叛乱、卫国保家而作出一生贡献的巾帼英雄。

万寿寨前寨门速写

万寿寨速写

# 涞滩寨

在合川城区东北45千米的渠江西岸，有一座鹫峰山，三面山势陡削，悬崖如堵，其山顶则平似广场，涞滩寨就建在这山巅之上。远望山寨雄踞江畔，虎视渠水，楼堞巍然，气势夺人。此寨原是一个乡场，清嘉庆初四川闹白莲教，清廷下诏四川各地实行“坚壁清野”，这里因地势险要，易守难攻，故始修寨筑墙。咸丰末年，李永和、蓝朝鼎自云南起兵攻入四川；同治中，石达开军先后七次入川，西南震动，清廷又令各地筑城结寨，练勇自保，涞滩寨又经增筑补葺，加修西门瓮城，始有今日规模。

涞滩寨南北长330米，东西宽260米，占地面积仅8.59万平方米，但却具有非常特殊的价值。首先，涞滩是寨场合一，经济与军事功能并重，平日作为乡场，战时作为寨堡，这种集古镇与古堡于一体的山寨特点，四川境内的其他城寨多不具备。直到现在这里也逢二、五、八赶场，这也是它没被废弃而能够保存到现在的一个重要原因。其次，寨内古建筑甚多，清代民居保存得最为完整，排列于青石板街道两旁，其青瓦木屋，古朴宁静，江上舟摇，楼上帘招之状，恍若置身于晚清民初的市井之间。寨内还有清代的戏楼、文昌宫、二佛寺，明代的石牌坊，唐宋的摩崖造像等，俨然就是一个古代建筑陈列馆。第三，其寨墙、寨门建筑独特。现存寨墙共973米，东段长140米、高2.8米、厚3米；南段长200米、高1.7米、厚2.3米；西段长253米、高3.1米、厚3.4米；北

*合川涞滩瓮城(清代)*

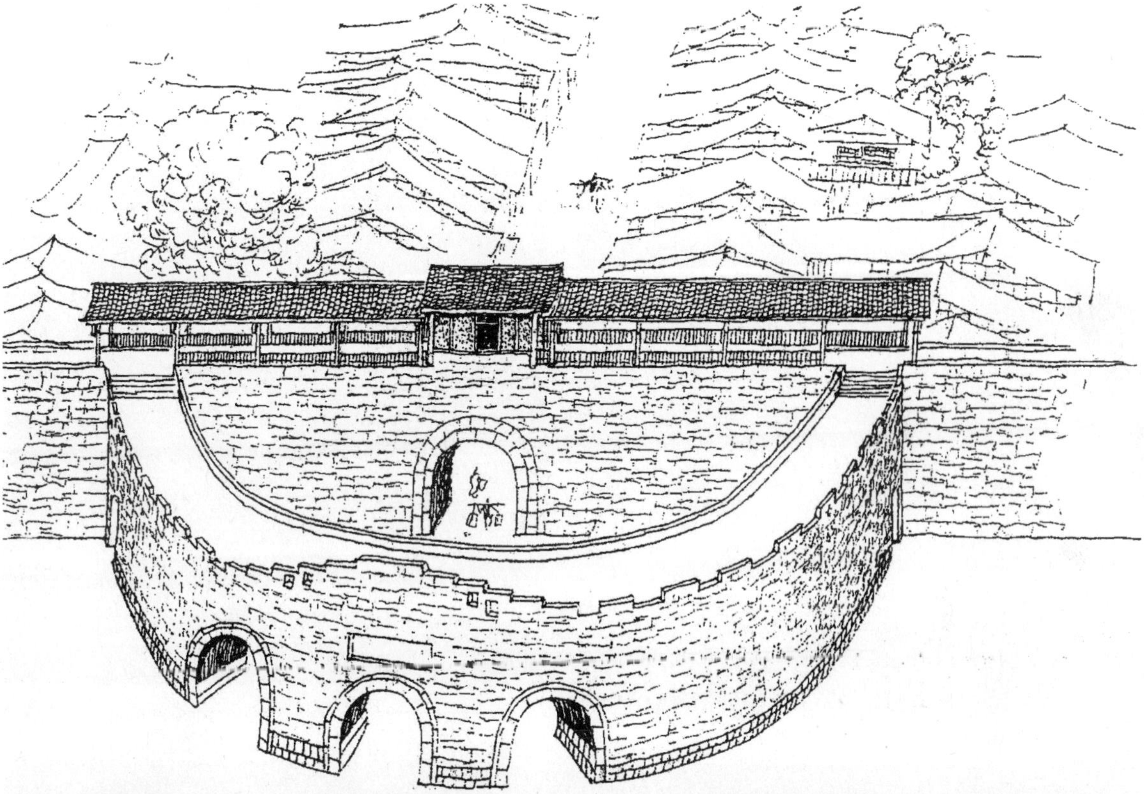

城主要是向西扩展。把城墙修到了重庆半岛的山脊上。当时

只有两个城门，一名青龙，一名白虎。从名称看应是东、



涞滩西门和瓮城图(采自李政富《巴蜀城镇与民居》)

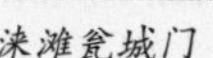

涞滩瓮城门

涞滩西门

瓮城内的小城门洞

涞滩小寨门

段长380米、高约1米、厚2.4米，均用长1米、宽0.3米、厚0.28米的条石叠砌而成。寨墙上开门三道：西门、东南小寨门、东水门。西门围以半圆形瓮城，瓮城内面积约400平方米，有主城门一道，双拱

涞滩瓮城内景

涞滩二佛寺宋代禅宗造像

石砌，高3.1米、宽3.8米、深3.8米，其上城楼尚存；瓮城门三道，各高3米、宽2.5米、厚3米，正中门额上书“众志成城”四字，有题记“大清同治元年壬戌岁季夏月建立”；瓮城两侧近主城墙根处各又另开一便门，这样合起来整个西门便有六道城门。这种布局很是特殊，国内较少见，具有极高的研究价值。东面为东水门，城门拱形，高2.6米、宽1.8米；小寨门略同于东门，建在悬崖之巅，气势恢弘，是入寨要道，有石板小路通向山脚江边的小涞滩场。

涞滩古镇已于2003年被评为“首批中国历史文化名镇”，目前这里正在掀起一轮旅游开发热潮。

二佛寺上殿(观音殿)大门

## 其他

本节中所选古城门我们在书中将不再作一一介绍，只是选取一些具有代表性的影像供读者阅读欣赏。

沙坪坝磁器口古文昌宫寨门

秀山石堤古城门四周的民居还保持着原有的建筑风貌和特色

石堤古城券洞门建于元朝初年，看上去还依然坚固

穿过券洞门，经过石阶梯是古镇的老码头

江津石蟆镇清源宫，又称川主庙，是为纪念李冰父子而修建的庙宇。该建筑始建于明正德五年(1510年)，续建于清嘉庆十八年(1813年)，培修于清道光、光绪年间，现保存基本完好

酉阳县龚滩镇的“第一关”门洞，经历风风雨雨，见证着古镇荣辱与兴衰

巴南区走马场自古以来就是重庆通往成都的驿道(又称官道)，虽然现在已失去了旧时的功能与繁华，但城门洞的存在一样还见证着曾经的历史

建于清光绪年间的北碚蔡家群力村的新寨子古寨城墙

建于清光绪年间的北碚蔡家群力村的新寨子寨门——恒泰门

荣昌县路孔镇大荣寨狮子门

荣昌县路孔镇大荣寨日月门

北碚蔡家后丰岩残存的碉堡

雄关古道，峭壁悬崖(江津中山镇朝天嘴古寨遗址)

颓垣断壁(江津中山镇朝天嘴古寨寨门遗址)

# 后记

本书是一本介绍重庆地方历史风貌的读物。作者在参考大量他人著作的同时，也融入了自己的认识与研究，本书也使用了许多公开出版物中所发表的照片，未能一一注明出处，还请谅解，并致谢意。本书由冯庆豪同志选点和拟出提纲，并提供了许多资料，然后由唐冶泽同志执笔写作完成。因时间仓促，资料有限，许多地方也未能进行实地考察，所以缺点错误在所难免，还望有识之士提出宝贵意见，将来若有机会，当作认真修改。本书写作过程中也得到周围许多人的各种帮助，在此也一并致以衷心的感谢！

作者

2006 年 12 月 20 日

◎《老重庆影像志》◎

老房子
老重庆影像志
贰

老街巷
老重庆影像志
叁

老码头
老重庆影像志
肆

老地图
老重庆影像志
伍

老广告
老重庆影像志
陆

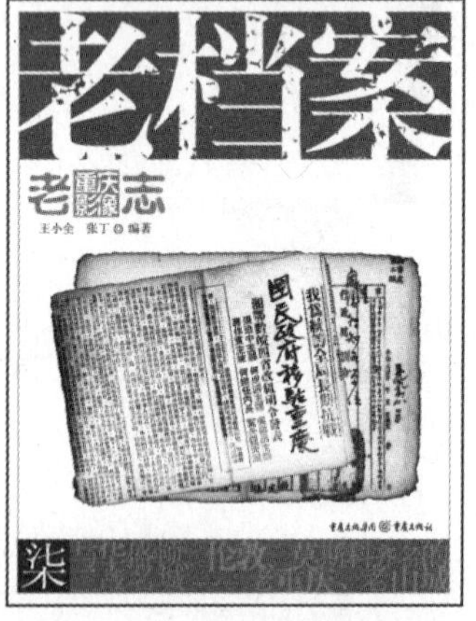
老档案
老重庆影像志
柒

老行当
老重庆影像志
捌

老风尚
老重庆影像志
玖

老钱票
老重庆影像志
拾